THE
WHO

THE WHO

사람 그리고 관계에 대한 지혜 48

더 후

조슈아 울프 솅크 · 데이비드 로스 외 지음

김현수 옮김

중앙 books
JoongAng Ilbo

나는 오래전부터 역사 속의 보기 드물고 유별나며 은밀한 한 쌍의 동지애와 그 영향력에 매료되어왔다. 어느 전도유망한 사람이 장래성 없어 보이는 젊은이의 후원자를 자처하는데, 훗날 그 보잘것없던 젊은이는 당대의 가장 유명하고 영향력 있는 인물로 떠오른다. 이런 특별한 만남에 관한 이야기가, 내가 이 책을 쓰게 된 동기다.

산업 자본주의의 여명기, 프리드리히 엥겔스는 잉글랜드 맨체스터에서 공장을 운영하는 자본가의 아들로 태어났다. 이 훤칠하고 잘생긴 부잣집 청년은 공장 노동자들과 그 가족들의 비참한 삶을 폭로하는 글「영국 노동자 계급의 실상」을 집필하고, 급진적인 신문에 기고도 하는 반자본주의자이기도 했다. 요즘으로 치자면, JP모건체이스 회장인 제이미 다이먼의 아들이 JP모건체이스의 파생상품 거래 부문을 운용하면서 동시에 좌파 주간지인 〈네이션〉에 장문의 글을 기고하고 월가 시위를 주동하는 격이다.

스물세 살의 엥겔스는 신경질적이고 흥분 잘하며 궁색하기 짝이 없는 스물다섯 살의 기자이자 선동가를 만난 후 평생 그의 조력자이자 후원자가 된다. 그 절친이 바로 19세기와 20세기에 가장 큰 영향을 미친 인물인 카를 마르크스다. 엥겔스는 마르크스와 함께 《공산당 선언 The Communist Manifesto》을 집필했으며, 《자본론 Capital》이 완성되는 데 큰 도움을 주었다. 또한 부르주아를 혐오하는 친구가 부르주아적인 삶을 누릴 수 있도록 자본가 노릇을 하면서 25년간이나 돈을 대주었다.

이런 모순적인 삶에 대해 스콧 피츠제럴드가 한 유명한 말이 있다. "1급 지성의 조건은 마음속에 두 가지 상반된 생각을 품고 그것을 동시에 활용할 수 있는 능력을 갖추는 것이다." 그렇다 해도 엥겔스가 두 가지 삶을 살아낸 경지에는 감탄할 수밖에 없다.

이 책에 실린 동지 커플들은 (엥겔스와 마르크스처럼) 남자를 도운 남자가 대다수이고, 남자를 도운 여성(아내, 어머니, 비서)도 꽤 많다. 그에 비해 여성을 도운 남자의 이야기, 여성이 여성을 도운 이야기는 매우 드물다. 어떤 사람은 이것 역시 성차별이 아니냐고 반문할 수도 있겠다. 그렇다면 레즈비언이 동물을 동지로 삼는 경우, 예컨대 에밀리 디킨슨과 그녀의 반려견 칼로는 어떻게 규정지어야 할지 오직 신만이 알리라.

이런 동지적 만남은 멘토, 파트너, 배우자, 뮤즈 등 다양하다. 나 역시 경력을 쌓는 데 절대로 빼놓고 생각할 수 없는 세 명의 조력자가 있었다. 내가 그들을 만난 것은 20대 때였고, 뉴욕으로 이사 오고 나서 5년 사이의 일이었다.

첫 번째 멘토는 진 샬리트라는 남자다. 당시 그는 〈투데이 쇼〉 영화 평론가이자 문화 평론가였는데, 대학생이던 나를 자신의 전속 작가로 고용했다(나의 주된 업무는 NBC 라디오 방송 원고를 쓰는 일이었다). 나중에야 알게 된 사실이지만 그가 내게 일자리를 제안한 이유는, 그와 처음 만난 자리에서 내가 '의인화(anthropomorphism)'라는 다소 어려운 단어를 썼기 때문이었다. 그는 정말이지 완벽한 상사였다. 늘 쾌활하고, 격려해주고, 고마움을 표할 줄 알고, 거기다가 너그럽기까지 했다.

그로부터 1년쯤 지났을 때 그는 새로운 제안을 했다.《진짜 중의 진짜 The Real Thing》라는 제목의 유머러스한 에세이집을 출판하기로 계약했는데, 내가 대신 써달라는 것이었다. 그의 유령작가(우연인지 그의 회사 이름도 스크루지&말리였다)로 고용된 나는 크리스마스 즈음에 에세이 대여섯 편을 마무리했다. 그런데 어느 날 그가 나를 부르더니 뜻밖의 이야기를 꺼냈다. 책 표지에 내 이름만 단독으로 올리겠다는 것이었다. 그리하여 나는 스물여섯 살에 출판 작가가 되었다.

그 후 스크루지&말리를 떠난 나는 〈타임〉의 전속작가가 되었다. 새 직장에 들어가고 몇 주 뒤였다. 한 동료가 내 방 안으로 머리를 쑥 들이밀면서 인사를 했다. "안녕하세요. 저는 그레이든 카터라고 해요." 그는 《진짜 중의 진짜》를 정말 재미있게 읽었다고 했다. 그 즉시 우리는 친구가 되었고, 결국은 파트너가 되었다. 우리는 함께 점심을 먹으며 동료 기자들이 기사로 쓸 수 없거나 쓰지 않기로 한 흥미진진한 이야기들을 주고받았다. 우리가 그 바닥에서 먹고살도록 영감을 주었던 1960년대와 1970년대의 잡지들, 〈매드〉〈뉴욕〉〈롤링스톤〉〈에스콰이어〉〈내셔널 램푼〉 등에 대해 침 튀겨가며 열변을 토했다. 그런 이야기 끝에는 늘 왜 지금(그때는 1980년대였다)은 그렇게 열광할 수 있는 잡지가 없느냐며 한탄했다. 지적이면서도 재미있고, 재미있으면서도 기자 정신이 담겨 있고, 사건을 속속들이 파헤치면서도 할 말은 하는 잡지. 우리는 그런 잡지를 꿈꾸었고, 1986년에 마침내 그 열띤 토론의 결실을 맺게 되었다. 〈스파이〉라는 잡지를 창간한 것이다.

〈스파이〉는 우리의 바람에 거의 근접할 만큼 멋지고, 예상보다 훨씬 더 성공적인 잡지가 되었다. 우리는 기질적으로나 편집 기술 면에서나 완벽한 호흡을 자랑했고, 잡지의 존재와 그 놀라운 성과에 없어서는 안 되는 한 쌍의 파트너로서 5년을 함께 일했다. 우리 둘 다 이 잡지를 통해 세상의 관심을 받을 수 있었다. 그리고 나는 다음 모험을 시도할 수 있었고, 그 모험은 또 다른 모험으로 떠나게 해주었다.

〈스파이〉의 성공에 빼놓을 수 없는 또 한 사람이 있었다. 잡지를 창간하기 5년 전에 나와 결혼한 앤 크리머다. 우선 앤은 나와 그레이든에게 경영학 석사 출신 대학 동기를 소개해주었고, 그 사람은 우리의 사업 파트너가 되어 그저 장난 같고, 여기저기 흩어져 있던 우리의 생각들을 한데 모아 잡지를 창간하도록 도왔다. 앤은 아예 다니던 직장까지 그만두고 우리의 광고 판매 총책을 맡아주었다. 그녀는 월급도 제대로 받지 못하면서 초창기의 어려움을 함께 견디어주었다. 나와 앤이 〈스파이〉에서 나온 뒤에도, 앤은 몇 년 동안 사실상 나의 후원자였다. 내가 잡지 편집자에서 전업작가의 길로 들어서자 앤은 다시 회사에 들어가 내 뒤를 댔다. 그리고 계속해서 나의 뮤즈가 되어주었다. 내가 처음으로 잡지에 기고한 「남자들이 결혼하는 이유」는 그녀에게 바치는 글이었으며, 나의 첫 번째 소설의 여자 주인공도 대부분 앤의 DNA를 물려받았다. 몇 년 전에 전업작가를 그만두고 주간 잡지 편집자로 다시 이직하려던 나를 (무척 다행스럽게도) 설득해서 말린 사람도 앤이었고, 나의 첫 번째 독자 역시 앤이다. 그 누구보다 나의 재능을 철석같이 믿어주는 사람도 앤이다.

그리고 10여 년 전 앤이 현명하고 사려 깊고 진솔한 삶의 경험을 쓰는 작가가 되겠다고 결심했을 때 나는 기꺼이 그녀의 멘토, 후원자, 조력자가 되어 그녀에게 보답할 수 있게 되었다.

그러므로 이 책의 교훈이라면, 우리가 누군가의 비밀 동지가 된다는 것만큼 즐거운 일은 없으며 따라서 이제 그 비밀을 드러내야 마땅하다는 것이다.

커트 안데르센(소설가 겸 방송인)

만약 베라 나보코프가 《롤리타》의 원고를 불길 속에서 구하
지 않았다면 오늘날 우리가 그 책을 읽을 수 있었을까? 무하
마드 알리가 열두 살 때 어느 경찰 아저씨를 만나지 못했다
면 위대한 권투 선수가 될 수 있었을까?

위대한 사람의 뒤에는 언제나 그(그녀)의 성공을 가능케 한 누군가
가 있다. 이런 친구, 친척, 파트너, 뮤즈, 동료, 코치, 조수, 애인, 스승,
조력자는 그 공을 인정받아야 마땅하다. 이 책은 그들을 기리는 책
이다.

당신의 삶을 돌아보면, 당신이 지금 가고 있는 길로 이끌어준 사람
이 여럿 떠오를 것이다. 수업시간에 처음으로 손을 들 수 있게 용기

를 준 5학년 때 선생님, 생애 첫 카메라를 선물해준 부모님의 친구분, 위스키를 홀짝이며 자신의 어린 시절 얘기를 들려주던 이웃 아저씨. 이 별것 아닌 일이 누군가에게는 제법 묵직한 영향을 미쳐 그 사람의 인생을 완전히 바꾸어놓는다.

우리 세 사람은 8년 넘게 함께 일해오고 있다. 우리 셋 다 나머지 두 사람을 진정 중대한 영향을 준 사람이라 말할 것이다. 우리는 매일 디자인과 아이디어에 대한 건설적인 비평을 주고받는다. 매트는 제니가 기술적인 어려움을 해결할 수 있도록 돕는다. 제니는 아직 초보 단계인 줄리아의 그래픽 디자인을 지도해준다. 줄리아는 매트의 대담무쌍한 계획들의 고삐를 잡아준다. 우리는 서로 상대의 결핍을 채워준다. 이러한 긍정적인 상호작용이 없었다면 우리는 지금과 같은 성과를 이루지 못했을 것이다. 우리 중 한 명이라도 없었다면 이 책이 나올 수 있었을까?

유명한 사람의 곁을 지킨 '무명씨'의 역사를 그려내기 위해 우리는 작가들에게 도움을 청했다. 작가들은 각자 관심 가는 인물을 골랐지만 이 숨은 조력자들을 조사한다는 것은 결코 쉽지 않은 일이었다. 유명 인사와 무명 인물 사이의 관계를 설명할 수 있는 자료가 거의

없는 경우도 있었다. 때로는 그들의 존재 자체를 인터넷에서 찾을 수 없는 경우도 있었다. 다행히 몇몇 비밀 조력자들은 아직까지 생존해 있고, 건강 상태도 좋아서 인터뷰가 가능했다.

그다음, 우리는 각각의 이야기를 잘 표현해줄 수 있는 아티스트, 삽화가, 디자이너를 물색해 짝을 지었다. 이들의 임무는 비밀 동지들의 초상, 그리고 유명 인사와 그 조력자의 관계를 시각적으로 창조해내는 것이었다.

이런 무명의 인물들의 이야기도 흥미진진했지만, 유명인의 새로운 면모를 보여주는 소중한 정보를 제공하기도 했다. 궁극적으로 이 에피소드들은 사람에 대한 이야기다. 사랑, 경쟁, 집착, 어려움, 진정한 열정 등등. 우리의 머릿속에 이미 아이콘이 된 사람들─패션의 여왕 코코 샤넬, 애니메이션의 선구자 월트 디즈니, 혁명가 레닌─이 갑자기 우리와 다를 바 없는 진짜 사람이 되는 것이다. 그들에게도 우리가 공감할 수 있는 관계들이 있었다. 상대가 몰라주는 짝사랑, 영감을 주는 사업 파트너, 꼭 지켜야 할 형제의 명예와 같은. 수십 년이 지나고 수백 년이 흐른 지금, 우리는 여전히 사람들에게서 연대를 느끼고, 격려를 필요로 한다.

이 책이 새로운 인물을 소개하고 역사적 인물들의 다른 면모를 보여주는 데서 그치지 않고, 여러분의 삶에 존재하는 똑같은 관계들을 인식하고 소중히 여기는 데 도움이 되기를 소망한다.

저자들을 대표해,

제니 볼보스키·줄리아 로스먼·매트 라모스

차 례

Part 1

파트너

누 구 와　함 께 하 느 냐 가　성 공 을　좌 우 한 다

파트너

누구와 함께하느냐가 성공을 좌우한다

Ernest Shackleton

위대한 실패, 더 위대한 리더십

살아 있는 한 우리는 절망하지 않는다.

－ 어니스트 섀클턴

실패는 거의 확실했다. 고향을 떠나 이역만리에서 맞을 끔찍한 죽음이 눈앞에 보이는 듯했다. 그래도 수천 명이 남극 대륙 탐험에 자원했다. 명예를 위해, 과학을 위해, 인류에게 금단의 땅이었던 곳에 그들의 깃발을 꽂기 위해. 많은 이들이 극한의 고통을 겪었고 그곳에서 죽었다. 우주의 아름다운 무심함이 그들을 둘러싼 차갑고 찬란한 광경 속에 정갈하게 담겨 있었다.

"우리는 하느님의 영광을 보았고, 대자연이 속삭이는 이야기를 들었다." 전설의 극지 탐험가 어니스트 섀클턴이 2년여 간 표류한 끝에 대원들과 함께 구조된 후 남긴 글이다. "우리는 인간의 벌거벗은 영혼에 이르렀다."

1914년 12월 5일, 섀클턴과 스물일곱 명의 대원을 태운 인듀어런스호는 영국을 출발해 남극 횡단 탐험에 나섰다.

그의 곁엔 언제나 그랬듯, 그의 부사령관이자 그가 자신의 '분신'이라 부른 남자, 프랭크 와일드가 있었다. 용감하고 패기 있고 섀클턴처럼 포기할 줄 모르는 낙관주의자 프랭크 와일드는 여덟 살 때 북극 탐험에 관한 책을 읽고 자신의 인생 항로를 결정했다. 그리고 세월이 흘러, "다섯 번의 남극 탐험과 한 번의 북극 탐험을 마친 지금까지도 그때의 그 열망은 꺼지지 않았다"고 고백했다.

남극을 눈앞에 두고 인듀어런스호는 유빙에 갇혔다가 결국은 얼음덩이에 파손되었다. 대원들은 어쩔 수 없이 배를 포기해야 했다.

수개월을 불안정한 유빙 위에서 표류하는 동안 섀클턴 선장과 대원들은 육식고래의 위협을 받고 굶주림에 시달려야 했다. 그들은 만신창이가 된 구명정 세 척에 나눠 타고 일주일 내내 쉬지 않고 노를 저어 마침내 육지에 도달했다. 그러나 육지를 발견한 기쁨은 오래가지 못했다. 엘리펀트 섬은 유성처럼 머나먼 곳으로, 적막하기가 우주에 내던져진 것 같았다. 수백 미터의 깎아지른 시커먼 절벽들 아래에는 사나운 파도가 암벽 해안을 집어삼켰다. "우리가 최초로 그 땅을 밟은 사람들이었다"라고 와일드는 말했다. 아마 그 뒤로도 그 땅을 밟은 사람은 없을 것이다.

섀클턴은 구조를 요청하기 위해 다섯 명의 대원을 뽑아 7미터가 채 안 되는 보트를 타고 1,300킬로미터 떨어진 곳에 위치한 사우스조지아 섬을 향해 출발했다. 그는 떠나기 전에 와일드에게 중대한 임무를 맡겼다. 동상에 걸리고, 사기가 꺾이고, 굶주린 스물두 명의 대원들을, 그가 구조대와 함께 돌아올 때까지 모두 살아 있게 할 것.

그런데 그 남극 탐험대에는 섀클턴의 위대한 리더십만 있었던 것은 아니다. 리더의 부재를 완벽하게 메워준 또 하나의 리더십을 보여준 사람이 바로 와일드였다.

와일드의 표현을 빌리자면, 그해 겨울 엘리펀트 섬의 날씨는 '끔찍함 그 자체'였다. 강풍과 눈보라가 번갈아 불어 닥쳤다. 시속 150킬로미터의 돌풍이 그들의 텐트를 갈가리 찢었고, 사나운 파도는 그들을 바다로 쓸어버릴 듯 위협적이었다. 대원들은 두 척의 구명정을 뒤집어서 이층침대처럼 포개놓고 망가진 텐트로 틈을 메웠다. 낮에는 굶주림과 싸우며 펭귄, 조개, 바다표범, 해초로 연명했다. 밤이면 아무것도 안 보이는 칠흑같이 캄캄한 오두막 안에서 쪼그리고 앉아 바람이 울부짖는 소리를 듣는 것 말고는 할 수 있는 일이 없었다.

그런데 와일드가 한 가지 아이디어를 떠올렸다. 항해용 시계의 유리 뚜껑으로 텐트에 창문을 낸 것이다. '와일드의 창문' 덕분에 대원들은 서로의 얼굴을 볼 수 있게 되었고, 옷을 수선하고 책을 읽을 수 있게 되었다. 밤이면 그들은 소박한 음식의 요리법을 하나씩 읊으며 시시콜콜한 세부내용을 가지고 열띤 토론을 벌이다가 잠이 들었다. 꿈속에서라도 푸짐한 잔칫상을 받을 수 있기를 바라며.

그렇게 몇 주가 흐르고 몇 달이 흘렀다. 가뜩이나 부족한 식량은 더 줄어들었다. 배는 나타나지 않았다. 하지만 와일드의 '쾌활한 낙천주의'(섀클턴의 표현)는 절대 흔들림이 없었다. 아침이면 와일드는 침낭에서 자고 있던 대원들을 깨우며 명령했다. "어서 침낭을 개서 집어넣어! 대장님이 오늘 오실지도 모른다."

사실 섀클턴은 넉 달이 넘도록 엘리펀트 섬으로 돌아오려고 시도했지만 번번이 얼음덩이에 밀려 실패했다. 그러다가 1916년 8월 30일, 마침내 그는 고립된 대원들 앞에 나타나 와일드에게 외친다. "모두들 무사한가?" "운명이 나쁜 것이든 좋은 것이든, 언제든지 그 운을 넘어서는 사람"이라 섀클턴이 평가했던 와일드는 거침없이 대답했다. "저희는 모두 무사합니다, 대장님."

캐롤라인 알렉산더의 《인듀어런스*Endurance*》에는 두 사람의 끈끈한 신뢰가 형성된 에피소드가 소개되어 있다. 와일드는 1909년에도 섀클턴과 함께 남위 88도까지 갔다가 부득이 후퇴한 적이 있다. 그때 섀클턴은 식량이 거의 고갈되어가는 상황에도 자기 몫의 비스킷 네 개 가운데 한 개를 와일드에게 주며 강제로 먹였다고 한다. 와일드는 그 순간을 일기에 다음과 같이 적었다.

"이런 행동이 얼마나 자상하고 호의적인 것인지 이해할 수 있는 사람은 이 세상에 아무도 없을 것이다. 절대 잊지 못할 것이다. 수천 파운드의 돈으로도 결코 살 수 없는 비스킷이었다."

섀클턴에 대한 충성심이 더욱 깊어진 와일드는 위험을 무릅쓰고 다시 남극 탐험에 올랐던 것이다. 그리고 그는 부사령관으로서 섀클턴의 탐험대가 남극 빙벽에서 634일을 견디고 전 대원이 무사히 귀환하는 데 큰 역할을 했다. 이들의 탐험은 비록 남극 대륙 횡단이라는 목표에는 실패했지만 성공보다 더 위대한 탐험으로 기록된다.

인듀어런스호의 남자들이 그렇게 한 사람도 빠짐없이 살아남아 귀환했을 때 세상은 미쳐 있었다. 때는 1차 세계대전이 한창 진행 중이었다.

대부분의 대원들은 영국으로 돌아오자마자 곧바로 징집되었다. 러시아 전선으로 파병된 와일드는 전쟁이 끝나자 남아프리카로 이주해서 농사에 도전했다. 그러나 1921년, 섀클턴이 탐험이라 하기도 모호한 남극으로의 복귀를 엉성하게 추진했을 때 와일드는 차마 뿌리치지 못한다.

사우스조지아 섬에 도착한 첫날 밤, 섀클턴은 심장 발작으로 목숨을 잃고 그곳에 묻혔다. 항해는 계속되었고, 와일드는 엘리펀트 섬의 검은 윤곽을 다시 보게 되었을 때 깊은 감회에 빠져들었다. 아마도 진정한 리더의 모습을 보여주었던 위대한 탐험가의 전성기를 떠올렸으리라.

와일드는 남아프리카에서 방황하듯 남은 생을 살다가 1939년 그곳에서 죽었다. 오랫동안 잃어버렸다가 2010년에 발견된 그의 유해는 가족에 의해 사우스조지아 섬의 섀클턴 곁으로 옮겨졌다. 와일드는 대장 옆자리에 안장되었고 그 앞에 짤막한 묘비명이 새겨졌다.

'섀클턴의 오른팔.'

개인의 명예가 아닌, 서로 간의 절대적인 신뢰, 인간의 극한 상황에서 맺어진 우정에 대한 기념비였다. 어쨌든 그들은 그곳에 그렇게 나란히 누웠다. 마침내 하나가 되어, 거대한 얼음 장벽을, 영원히, 함께 마주한 채.

어니스트 섀클턴 Ernest Shackleton, 1874~1922

남극 탐험 전문가. 1901년 남극 탐험을 시작으로 1907년 님로드호를 타고 새로운 탐험에 나서 인류가 도달할 수 있는 최남단에 이르렀다. 1914년 인듀어런스호를 타고 재차 남극 탐험에 도전했으나 배는 난파당하고 만다. 1909년 기사 작위를 받았으며, 자서전 《사우스 *South*》를 남겼다.

프랭크 와일드 Frank Wild, 1873~1939

남극 탐험마다 섀클턴이 반드시 동행한 부사령관이자 오른팔.

Earl Tupper

....

영업의 신과 손잡은 천재 아이디어맨

한 사람은 새로운 것을 만들어내는 데 달인이었으며,
다른 한 사람은 시대의 정신을 이용해 물건을 파는 데 두려울 것이 없었다.
각 분야에서 최고가 만났으니 성공은 문제없었다.

– 본문 중에서

얼 터퍼는 아이디어맨이었다. 지금은 그가 발명한 타파웨어가 플라스틱 용기의 대명사가 되었지만 그도 처음에는 하는 일마다 실패하는 불운을 겪어야 했다. 아이스크림이 지저분하게 흘러내리지 않게 하는 아이스크림 콘, 전자동 매듭기, 물고기 동력 보트 등이 그의 아이디어였다. 하지만 어느 것 하나 호응을 얻지 못하자 나무 치료사가 되었다. 이마저도 실패하자 다우케미컬이란 회사에 들어가서 플라스틱 관련 일을 시작했다.

이때 그는 또 한 가지 새로운 아이디어를 떠올렸다. 페인트 통 뚜껑의 뛰어난 밀폐력에서 힌트를 얻은 그는 플라스틱의 일종인 폴리에틸렌과 조형기를 구입하여 '원더 볼'을 발명했다. 그것은 공기도 물도 새지 않는 혁신적인 밀폐 용기였다. 당시는 냉장고가 막 보급되던 시기였는데, 주부들은 새로운 고민을 하게 되었다. 음식을 마르지 않고 신선하게 잘 보관하는 방법이 없을까? 밀폐 용기가 바로 그것을 해결해줄 발명품이었다. 그런데 정작 가정주부들은 이 제품의 장점을 몰랐고, 당연히 터퍼의 제품도 잘 팔리지 않았다. 만약 이 제품의 진가를 알아본 사람이 나타나지 않았다면, 아니 혁신적인 판매 방식을 제안하지 않았다면, 터퍼의 회사는 그처럼 큰 성공을 거두지 못했을 것이다.

브라우니 와이즈는 마케팅의 귀재였다. 그녀는 1940년대 중반 스탠리 홈 프로덕트에서 주부들에게 빗자루, 진공청소기, 주방용품을 판매하는 영업사원이었다. 어느 날 백화점에서 타파웨어를 본 뒤에는 그 용기를 판매하는 자영 판매업자로 나서게 된다.

때는 1949년이었다. 2차 세계대전 당시 많은 미국 여성들은 집에서 살림만 하지 않고 군수품 공장에 나가 일을 하기 시작했다. 그러나 전쟁이 끝나자 남자들은 아내들이 다시 집 안에 들어앉기를 바랐다. 와이즈는 이 문화적 충돌의 양면을 이용하기로 했다. 그녀는 가정주부들에게 스스로 돈을 벌 수 있는 영업사원과 시간과 돈을 절약해주는 정교한 제품의 소비자가 동시에 될 수 있다고 강조했다. 그러면서 부엌을 확실하게 지키는 부지런한 가정주부의 이미지를 팔려고 노력했다.

얼 터퍼는 놀라운 제품을 만들어냈지만 파는 방법을 알지 못했다. 브라우니 와이즈는 그 자체가 하나의 발명인, 제품을 파는 방식을 창조해냈다. 안 팔리던 물건을 주방의 필수품으로 만든 비결은 무엇이었을까. 비결은 바로 타파웨어 홈파티였다. 터퍼는 와이즈와 손을 잡았고, 그녀의 제안을 받아들여 소매상 판매를 철수하고 오직 홈파티를 통해서만 제품을 판매하는 전략을 썼다. 그들의 파트너십은 상호 보완의 진수였다. 둘 다 의욕이 넘쳤고 야심찼다. 한 사람은 새로운 것을 만들어내는 방법을 알았으며, 다른 한 사람은 시대의 흐름을 포착하여 물건을 파는 방법을 알았다. 하나는 이상적인 몽상가였고, 다른 하나는 행동파였다.

그 결과는? 알다시피 타파웨어는 국민 브랜드가 되었고, 하나의 문화 현상이 되었다.

그들의 첫 만남에 대해서는 두 사람의 기억이 엇갈린다. 와이즈는 자신이 회사에 전화를 걸어 제품을 더 공급받기 위해 터퍼와 직접 얘기하고 싶다고 요청했다 하고, 터퍼는 디트로이트 지역에서 판매 실적이 높은 것을 보고 책임자가 누구인지 물었다고 한다.

어쨌든 그렇게 그들의 모험이 시작되었다.

1950년대 초, 타파웨어 홍보 직원이 브라우니 와이즈를 회사의 얼굴로 만들자고 제안했다. "자, 여기 여성 소비자들의 마음을 사로잡을 강력한 여성 경영자가 나타났다!" 터퍼는 처음에 반대했지만 마음을 바꿔 제안을 받아들였다. 그 효과는 엄청났다. 와이즈는 여성 최초로 〈비즈니스 위크〉 표지에 얼굴이 실렸다.

"브라우니 와이즈는 타파웨어가 되었고, 타파웨어는 브라우니 와이즈가 되었지요." 홍보 담당 찰스 맥버니의 말이다. "그 둘은 거의 동의어였어요."

타파웨어를 성공으로 이끈 와이즈의 명성이 오히려 독이 되어 그녀와 터퍼는 결별하게 된다. 제품을 만든 것은 터퍼인데 언론과 세간의 관심이 모두 와이즈에게만 집중되자 두 사람은 자주 기싸움을 벌였고 결국 1958년 터퍼는 와이즈를 해고했다.

일개 고용인에 불과했던 와이즈는 타파웨어에 대한 어떤 지분도 주장할 수 없었다. 처음에는 그녀에게 퇴직금을 주는 것조차 거부했던 터퍼는 직원들의 간청을 받아들여 1년 임금에 해당하는 퇴직금을 주고 그녀를 떠나보냈다.

이후 와이즈는 몇 번이나 인생의 2막에 도전했지만 별다른 성공을 거두지 못한 채 플로리다 주의 키시미에서 여생을 보냈다. 와이즈를 해고하고 몇 달 뒤 터퍼는 회사를 매각했다.

환상적인 파트너십을 이뤘던 두 사람의 관계는 파국을 맞았지만 타파웨어는 와이즈가 고안한 독창적인 세일즈 방식을 지금도 유지하고 있으며, 미국의 대표적인 영어사전에 등재되었을 정도로 밀폐용기의 고유명사처럼 불리고 있다.

얼 터퍼 Earl Tupper, 1907~1983
식품 저장 용기 타파웨어의 발명가이자 기업가. 1937년 듀폰 사에서 근무하며 플라스틱의 디자인과 제조를 배웠다. 이후 얼 터퍼 컴퍼니를 설립하여 군수용품을 만들다가 주방용품을 만드는 데 집중했다.

브라우니 와이즈 Brownie Wise, 1913~1992
홈파티라는 독특한 마케팅 기법으로 타파웨어를 세계적으로 알린 세일즈 전문가.

M.A. Lavoisier

과학자의 아내로 산다는 것

우리는 사실에만 의존해야 한다.
사실이란 자연이 준 것이고, 자연은 우리를 속이지 않기 때문이다.

– 앙투안 라부아지에

자크-루이 다비드는 앙투안 라부아지에 부부로부터 초상화를 그려
달라는 의뢰를 받았다. 앙투안 라부아지에는 18세기의 위대한 프랑
스 화학자였다. 하지만 화가는 그 관계에서 누가 강자인지 대번에
알아보았다.

그림 속에서 마리 안 라부아지에 부인은 의기양양하게 청중을 바
라보며 그 장면을 지배하고 있지만, 사랑스러운 눈길로, 그리고 약
간은 초조하게 아내를 바라보는 앙투안의 모습은 마치 아내의 지시
대로 무언가를 받아 적고 있는 것 같다. 또한 풍성하게 흐르는 아내
의 치마와, 진홍색 테이블보 사이로 삐죽 나와 있는 검정 스타킹을
신은 앙투안의 다리는 이들이 결코 열정이 없는 관계가 아님을 암시
한다.

하지만 이들의 시작은 정략결혼이었다. 1771년 세금을 징수하는
사설 금융기관을 운영했던 자크 폴체는 딸을 급히 시집보내야 하는
상황이었다. 어느 남작 부인이 자신의 나이 든 오빠와 마리를 결혼
시키자고 요구했기 때문이다. 그때 마리는 겨우 열세 살이었다. 당
연히 그 늙은 '바보 같은 괴물'에게 시집가지 않겠다고 버티는 바람

에 어떻게든 빨리 짝을 찾아주어야 했다. 그래서 선택된 사람이 당시 세금 징수 조합의 일원이었던 매력적인 젊은 화학자 라부아지에였다. 이번에는 마리도 결혼에 동의했다.

앙투안 라부아지에는 1768년에 이미 화학 분야에서 명성을 얻었고, 스물다섯 살에 프랑스 과학 아카데미 회원이 되었다. 1770년대에는 그의 가장 뛰어난 업적이 되는 연구에 들어갔다. 당시 물질이 타는 이유는 플로지스톤이라는 가연성 증기를 방출하기 때문이라는 것이 정설이었다. 하지만 라부아지에는 '산소'라고 부르는 공기의 성분과 결합하기 때문이라는 추론을 이끌어냈다. 그의 새로운 산소 이론은 호흡의 원리에서부터 산성 물질 형성에 이르기까지 모든 현상을 설명해주었다. 이는 화학의 대변혁을 일으켰다.

1780년대에 라부아지에의 산소 이론은 새로운 화학 이론의 기틀을 마련했다. 그는 화학 원소가 무엇인지 명확히 밝혔고(화학 분석을 통해 더 이상 분해할 수 없는 물질이 원소다), 최소 34개의 원소가 있는 목록을 완성했으며, 화합물을 '분석'하는 방법(각각의 원소들로 분해하고 각 원소의 비율을 알아내는 방식)을 개발했다. 1789년 라부아지에가 쓴 《화학원론*Elementary Treatise on Chemistry*》은 근대 화학의 토대를 마련했다.

뛰어난 과학자 남편이 실험실에서 정진하는 동안 마리는 얌전만 빼며 물러나 있지는 않았다. 그녀는 남편에게 결코 없어서는 안 될 조수로 활약했다. 처음부터 이 어린 아내는 남편의 연구에 열렬한 관심을 보였고, 앙투안의 친구들은 곧 그녀를 그의 '철학적인 아내'라고 불렀다. 마리는 화학을 공부했고, 남편의 연구 결과를 기록했으며 그의 실험실과 장비들을 스케치하고 남편의 책에 삽화를 그렸다. 그녀는 자크-루이 다비드로부터 직접 그림을 배운 재능 있는 예술가이기도 했다. 마리는 철학 모임이나 파티를 주최했고, 그 자리에서 라부아지에는 그의 동년배들과 과학을 논의했다.

무엇보다도 앙투안이 끝내 익히지 못했던 영어로 저술된 화학 책들을 마리가 번역해준 것이 큰 도움이 되었다. 마리 덕분에 그는 아일랜드 화학자 리처드 커완의《플로지스톤 소론*Essay on Phlogiston*》을 읽을 수 있었고, 어쩌면 그 이론을 뒤집을 수 있었을지도 모른다. 이 과정은 그의 산소 이론 형성에 아주 중요한 계기였다.

이런 앙투안 라부아지에가 몰락하게 된 것은 세금 징수에 연루되었던 이력과 루이 16세 정부를 위해 일한 경력 때문이었다. 프랑스 대혁명의 공포 시기에 그는 고발을 당했고, 1794년 단두대에 섰다. 혁명 정부는 결코 과학자를 필요로 하지 않았다. 그의 죽음을 안타까워한 어느 수학자는 "그의 머리를 베는 것은 한순간이지만, 프랑스가 그와 같은 두뇌를 만들려면 100년은 걸릴 것"이라고 말했다.

마리 역시 감옥에 갇히고 굴욕을 당했지만 그녀의 정신은 꺾이지 않았다. 마리는 남편이 남긴 유산을 지키기 위해 그가 남긴 글과 회고록을 정리했다. 그러나 결국은 영국으로 건너가, 1799년 런던의 왕립과학연구소를 공동 창립한 모험가이자 물리학자인 럼포드 백작 벤저민 톰슨과 결혼했다. 이 결혼은 오래가지 않았다. 마리가 첫 번째 남편의 성을 고수한 사실을 보면 그녀의 애정이 누구를 향해 있었는지 알 수 있으리라. 마리 안 라부아지에는 파리로 돌아가 78세의 나이로 생을 마감했다.

앙투안 라부아지에 Antoine Lavoisier, 1743~1794
프랑스 화학자이자 현대 화학의 창시자. 1785년 과학 아카데미 수장으로 임명되었으며, 새로운 화학 이론을 발표하는 기틀을 마련했다. 공포 시대에 세금 수집기관의 관련성 문제로 체포된 후 단두대의 이슬로 사라졌다.

마리 안 라부아지에 Marie Anne Lavoisier, 1758~1836
독학으로 남편의 과학 조수로 활동했으며, 남편의 사교 모임을 이끈 지혜로운 아내.

시어스로벅 성공의 주역

시어스로벅의 1897년판 카탈로그는 지금 봐도 놀랄 정도다.
지금의 아마존도 그렇게 다양한 상품들을 취급하기란 불가능할 것이다.
일반 상점의 상품 목록보다 무려 1,000배나 많았다.

−《롱테일 경제학》중에서

1895년 시카고의 어느 젊은 의류상이 가족으로부터 3만 7,500달러를 빌려 우편주문 소매업에 투자한다. 이 투자를 통해 줄리어스 로즌월드는 통신판매 기업인 시어스로벅 상사에 합류했고, 이들은 서로의 운명을 결정하는 사이가 되었다. 로즌월드는 수년 후 이렇게 말했다. "제 앞에 기회가 열렸던 것일 뿐, 제가 창조한 게 아니었습니다."

이 회사는 몇 년 전 리처드 시어스와 앨버 로벅에 의해 설립되었는데 두 사람 다 이 사업에 뛰어들게 된 건 우연이었다. 미네소타 주의 어느 작은 역에서 역무원으로 일하던 시어스는 어떤 지역의 보석상에게 탁송되었으나 거부당한 손목시계들을 손에 넣게 되었다. 시어스는 동료 역무원들에게 그 시계들을 보내줄 테니 지역 주민들에게 팔아 수익을 내보라는 편지를 보냈다. 주로 우편을 통해 이루어지는 이 손목시계 사업에 시어스는 본업보다 더 많은 시간을 할애하게 되었고, 큰 수익을 얻었다. 결국 이 회사는 미네소타에서 시카고로 근거지를 옮겼고, 1887년에 인디애나 주의 아마추어 시계공이었던 로벅이 이 회사에 합류했다.

시어스와 로벅은 이제 손목시계뿐만 아니라 가구, 농장 비품, 특허 의약품, 의류로 사업을 확장했다. 그들은 삽화가 들어간 혁신적인 홍보 전단을 만들어 처음에는 지역 신문에, 얼마 뒤에는 자신들의 카탈로그에 제품을 소개하면서 미국인이라면 모르는 사람이 없는 회사로 성장시켰다. 외딴 농장이나 목장, 탄광촌에 사는 사람들에게 시어스로벅 상사의 카탈로그는 그들을 더 큰 세상으로 연결해주는 매개체였다.

하지만 회사가 성장하면서 조직적 결함이 고스란히 드러나기 시작했다. 상품에 대한 수요가 재고를 넘어섰고, 배송은 비용이 많이 들고 효율은 떨어지는 것으로 판명 났으며 고객들의 요구 사항은 제대로 반영되지 않았다. 시어스는 로즌월드에게 이렇게 말했다고 한다. "나는 세상에서 가장 훌륭한 사업체를 갖고 있지. 그런데 그것이 다 달아나려고 한다네."

근면하고 꼼꼼한 로즌월드는 1897년에 부사장이 된 후 구매와 배급망을 단순화해 능률을 높였다. 그는 카탈로그의 과장된 문구들을 싹 없애버렸고, 고객과의 신뢰를 형성하기 위해 엉터리 약품의 판매를 중단했다. 재고가 없어서 고객이 원하는 것보다 두꺼운 양복을 배송하게 되었을 때 로즌월드는 그 주문 건을 담당한 직원에게 이렇게 말했다. "고객에게 시계라도 하나 보내드리지 그랬나." 결함이 있는 상품을 보내는 것보다는 선의의 제스처를 취하는 편이 더 낫다고 생각했기 때문이다.

로즌월드가 부사장이 된 첫해, 연간 매출은 100만 달러에서 300만 달러로 껑충 뛰었다. 1908년에 그가 사장으로 취임했을 때 시어스로벅은 미국에서 가장 크고 성공적인 회사로 우뚝 섰다.

시골에서 시어스로벅의 카탈로그를 통해 물건을 주문하던 사람들과 로즌월드의 관계는 단순한 판매업체와 고객의 사이 그 이상이었다. 에이브러햄 링컨이 노예해방 선언을 하기 1년 전, 그와 같은 지역인 일리노이 주 스프링필드에서 태어난 로즌월드는 성인이 된 후 대다수의 흑인들, 특히 남부 지역 흑인들이 겪던 경제적 불평등과 인종 차별을 줄이기 위해 노력했다. 그 역시 반유대주의의 피해자였기에 교육이 인종 문제를 해결하는 가장 확실한 방법이라고 믿었다. 그래서 부커 T. 워싱턴 터스키지 재단에 상당한 액수를 기부했고, 로즌월드 기금이 설립된 후에는 흑인 젊은이들을 위한 학교 5,000여 개와 도서관 4,000여 개의 설립을 지원했다.

로즌월드는 당시 미국 산업의 중심인 시카고에 박물관을 건립하는 데 재산을 환원했다. 세계에서 가장 큰 규모의 박물관이었다. 시민들을 위한 시설 건립의 후원자 중 한 사람으로서 로즌월드는 다른 시카고 엘리트 기업들과 행보를 같이했다. 필드 자연사 박물관을 건립한 마셜 필드, 셰드 아쿠아리움을 건립한 존 G. 셰드, 그리고 시카고 미술관에 갤러리를 한두 개씩 기증한 재력가들처럼. 하지만 로즌월드의 박물관이 다른 점은 이름이었다. 로즌월드의 기부로 건립된 박물관의 이름은, 그가 고집을 부리는 바람에 기부자의 이름을 뺀 '과학산업박물관'이었다. 그뿐이었다. 로즌월드는 대중에게 헌신하는 삶을 살았지만 결코 대중의 인정이나 평가에 연연하지 않았던 사람이다.

리처드 시어스 Richard Sears, 1863~1914 **앨버 로벅** Alvah Roebuck, 1864~1948
1893년 카탈로그를 통한 통신판매 회사인 시어스로벅의 공동 창립자. 바이러스 마케팅을 최초로 시도하여 기업이 성장하는 데 밑거름이 되었다.

줄리어스 로즌월드 Julius Rosenwald, 1862~1932
성장에 한계를 느끼고 있던 시어스로벅 상사를 혁신적으로 변화시킨 비즈니스 파트너.

THOMAS A. WATSON
1854-1934

Alexander Graham Bell

....

"이리 와보게. 지금 자네가 필요해"

늘 다니던 길에서 벗어나 숲 속으로 몸을 던져라.
그러면 반드시 전에 보지 못한 무언가를 발견하게 될 것이다.
– 알렉산더 그레이엄 벨

알렉산더 그레이엄 벨이 전화기를 발명한 사실을 모르는 사람은 거의 없을 것이다. 하지만 전화기의 실질적인 제작을 맡았던 그의 조수 토머스 왓슨을 아는 사람은 많지 않다. 어쩌면 왓슨이라는 뛰어난 조수가 없었다면 벨의 전화기는 좀 더 늦게 나오지 않았을까? 우리는 세기의 발명품으로 기록될 전화기가 적어도 두 사람의 협업으로 이루어졌음을 인정해야 할 것이다. 이제부터 그 이야기를 해보자.

왓슨은 열여섯 살부터 열쇠, 계전기, 음향기, 금전등록기, 배전반, 전류계, 전신 기계를 만드는 기계상에서 일했다. 그는 근면하고 손이 빠른 일꾼이라는 평판 덕에, 고조파 전신 기계를 만들어줄 기계공을 찾고 있던 벨의 조수로 들어가게 된다. 고조파 전신 기계 제작에는 실패했지만 벨은 곧 왓슨과 다른 아이디어를 공유하게 된다. 바로 멀리 떨어진 사람들이 목소리로 대화할 수 있는 전화기를 발명하겠다는 아이디어였다.

비밀리에 이루어진 2년 동안의 협업 끝에 벨과 왓슨은 마침내 만족스러운 결과물을 만들어냈다. 전화기를 통해 전달된 첫 번째 말은 "왓슨, 이리 와보게. 지금 자네가 필요해"였다. 이것이 바로 전화기의 발명을 알린 유명한 말이다. 사실 벨은 실수로 바지에 산성 약품을 쏟은 참이었고, 그의 조수가 문을 박차고 들어왔을 때 왓슨이 기계를 통해 자신의 목소리를 들었음을 알았다.

왓슨은 첫 번째 전화기의 모든 부분을 일일이 손으로 만들었다. 벨과 왓슨이 시험해보고 버린 모델 중에는 사람 귀의 고막과 뼈로 만든 것도 있었다. 그들이 발명한 초인종은 거의 50년 동안 이용되었다(그 외에 실패한 발명품으로는 '집이 떠나가게 소리가 우렁찬' 왓슨 버저가 있었다).

벨은 돈을 마련하기 위해 종종 강연을 하였고, 그 자리에서 전화기 사용 시범을 보였다. 그럴 때면 왓슨이 전화기 반대편에서 "안녕하세요!", "처음 뵙겠습니다!", "전화기에 대해서 어떻게 생각하십니까?"라고 외치곤 했다. 그러고는 노래를 부르기도 하고 나팔을 불기도 했다. 왓슨의 목소리가 전선을 통해 들려오면 사람들은 열광적인 반응을 보였다. 사실 노래 자체를 듣기보다 전화기를 통해 노래가 흘러나오는 게 신기했기 때문에 사람들은 몇 번이고 앙코르를 요청했다. 왓슨은 전화기 너머로 들려오는 박수갈채를 들었고, 그들의 요구에 부응해 레퍼토리가 바닥날 때까지 앙코르를 불렀다.

전화기 사업은 아주 빠르게 번창했고 왓슨은 어느새 관리직에 앉아 있었다. 하지만 사무직이 영 적성에 맞지 않았던 그는 스물일곱 살에 회사를 그만두었다. 그는 부모님에게 집을 사드렸고, 자신을 위해서는 피아노 한 대와 성질이 사나운 말 한 필을 샀다. 왓슨의 말에 따르면 그 말은 '걸핏하면 주인을 대놓고 경멸하는 녀석'이었다.

그는 평생 떠돌아다니는 것을 업으로 삼았고, 이곳저곳을 다니며 언어를 배웠다. 농장을 구입했지만 밭 갈고 건초 만드는 일에는 질색했다. 그러다가 증기기관을 다루는 회사를 세워 미국 해군으로부터 400톤 구축함 두 대를 만들어달라는 주문을 받았다. 군함 건조 사업으로 많은 일자리가 생겨나면서 매사추세츠 주 전체가 거대 해운 도시로 번성하기까지 했다. 한때 그의 조선소는 미국에서 가장 큰 규모를 자랑했다.

여러 분야에 박학다식했던 왓슨은 마흔 살에 대학에 들어가 평생 열정을 가졌던 지질학과 웅변술을 공부하기도 했다(그는 벨의 훌륭한 발성을 무척 부러워했다. 벨의 아버지는 웅변술과 발성에 대한 책을 여러 권 집필했다). 새로운 복족류 화석에 그의 이름을 딴 명칭이 붙여지기도 했다. 스스로 인생의 제3막이라고 부른 시기에 왓슨은 문화 연구에 몰두했다. 그의 새로운 시도는 멈출 줄 몰랐다. 56세의 나이에 잉글랜드의 극단에 들어가 디킨스의 소설을 무대에 올리기도 했다.

미국으로 돌아온 후 왓슨은 전화기에 대한 강의를 하고 대중 낭독회를 열었다. 1915년에 드디어 최초의 대륙 횡단 전화가 설치되었다. 개통식에는 우드로 윌슨 대통령도 참석했다. 뉴욕에 있던 벨은 샌프란시스코의 왓슨에게 최초의 대륙 횡단 전화를 걸었다. 그리고 그

유명한 대사를 반복했다. "왓슨, 이리 와보게. 지금 자네가 필요해."

왓슨은 이렇게 대답했다. "벨 박사님, 당장이라도 달려가고 싶습니다만, 이제 우리가 너무 멀리 떨어져 있어서 가는 데만 일주일은 걸리겠네요."

알렉산더 그레이엄 벨 Alexander Graham Bell, 1847~1922
최초의 전화기 발명가로 알려진 과학자. 전화기 발명 이후 1877년 벨전화회사를 설립하였으며 볼타상 수상 기금으로 농아 교육에도 힘썼다.

토머스 A. 왓슨 Thomas A. Watson, 1854~1934
실질적으로 전화기를 제작한 벨의 조수.

Alfred Hitchcock

．．．．．．．．．．．．．．．．．．．．．．．．．．．

히치콕을 감독으로 만든
아내 혹은 제작자

영화가 줄 수 있는 긴장과 재미는 첫 장면에서 거의 결정된다.
앞으로 어떻게 전개될 것인가에 대한 기대를 주지 않는 영화를 보아줄
인내심 있는 관객은 그리 많지 않다.

– 앨프리드 히치콕

서스펜스 영화의 거장 앨프리드 히치콕과 나중에 그의 아내가 된 앨마 레빌은 1921년에 처음 만났다. 당시 앨마 레빌은 이미 런던 영화계에서 확실히 자리를 잡고 있었다. 그녀는 10대 때부터 배운 기술로 영화 편집자 자리를 꿰차고 있었고, 히치콕은 무성 영화의 대사 카드를 정리하는 하찮은 일을 하고 있었다. 1923년 작 〈우먼 투 우먼〉의 조감독이 된 히치콕은 레빌을 편집자로 고용했다. 2년이나 영화판에서 일한 뒤에야 레빌과 대등한 위치에서 일할 수 있었던 것이다.

히치콕의 감독 데뷔작 〈쾌락의 정원〉에서 레빌은 조감독을 맡았고, 〈의혹〉과 〈의혹의 그림자〉의 각본을 썼으며, 〈39계단〉, 〈사라진 여인〉에 출연하기도 했다. 〈하숙인〉에서 히치콕은 잭 더 리퍼 역할로 출연했고, 레빌은 자막에도 소개되지 않는 '무전을 듣고 있는 여인'으로 카메오 출연을 했다. 캐스팅, 각본과 각색, 편집에 대한 조언, 촬영지 물색에 이르기까지 스틸 사진들을 보면 레빌이 수십 년에 걸쳐 히치콕의 영화 제작 현장에서 얼마나 다방면으로 활약했는지 알 수 있다.

영화사에 남을 히치콕의 걸작 〈사이코〉 역시 그녀의 도움 없이는 탄생하지 못했을 것이다. 영화 〈사이코〉의 원작은 원래 영화사들마다 퇴짜를 놓은 소설이었다. 히치콕은 이 소설의 샤워 신에 반했으나 지인들도 제작사도 모두 살인마 이야기를 영화화하는 데 반대했다. 그러나 히치콕은 집을 저당 잡혀 영화화를 결정한다. 모두가 반대했지만 그의 아내만은 "돈과 시간이 없어도 새로운 방식을 실험했던 예전의 자유를 느끼고 싶다"는 남편의 말에 〈사이코〉의 시나리오를 집필했다.

영화 〈사이코〉에 얽힌 히치콕과 그의 아내에 대해 전설처럼 회자되는 이야기 중에는 이런 것도 있다. 영화에서 가장 유명한 샤워 신에서 죽은 재닛 리가 목구멍으로 뭔가 넘기고 있는 것을 앨마 레빌이 잡아냈고, 곧 편집실에서 엄청나게 중요한 수정 작업이 이어졌다. 지금은 정말 유명해진 샤워 신에 배경 음악을 깔자고 설득한 것도 레빌이었다. 하지만 이런 사실들은 거의 알려져 있지 않다. 원래 히치콕은 그 장면을 음악 없이 처리하려고 했었다.

레빌은 이처럼 문자 그대로 히치콕 영화의 연속성, 일관성을 지켜냈고, 그 솜씨는 히치콕이 1980년에 세상을 떠날 때까지 50년 넘게 녹슬지 않았다. 그러나 주변 사람들의 의견을 종합하면, 그들은 창작 파트너로서는 최고의 궁합을 자랑했지만 육체적 친밀함을 나누지는 못했던 것 같다. 히치콕은 농담처럼 부부가 함께 잔 것은 딱 한 번, 딸 패트리셔를 갖기 위해서였다고 말하곤 했다. 실제로 레빌은 작가 휘트필드 쿡과 염문설이 나돌았다. 이는 그의 전기 영화 〈히치콕〉의 극적 효과를 자아냈을지는 모르나 부부의 창조적 유대를 빛바래게 하는 것이 사실이다.

어쨌든 히치콕은 자신의 영화에 아내가 큰 역할을 했음을 숨기지 않았다. 1979년 미국 영화협회에서 수여하는 평생 공로상을 받았을 때 그는 이렇게 말했다.

"저에게 가장 큰 애정과 공감, 그리고 격려를 주고 끝없는 공동 작업을 해온 네 사람을 언급하고 싶군요. 첫 번째는 영화 편집자이고, 두 번째는 시나리오 작가이며, 세 번째는 내 딸 팻의 엄마이고, 네 번째는 평범한 주방에서 기적을 만들어내는 훌륭한 요리사입니다. 그들 넷의 이름은 앨마 레빌입니다.

아름다운 레빌 양이 지금으로부터 50여 년 전에 앨프리드 히치콕의 아내가 되겠다는 평생 계약서에 서명하지 않았다면—그것도 어떤 조건도 없이 말입니다!—오늘 밤 히치콕은 이 자리가 아니라, 저쪽 홀에 서 있는 굼뜬 웨이터가 되었을 겁니다. 저의 삶을 그렇게 했듯, 이 상도 그녀와 나누겠습니다."

레빌은 히치콕의 영원한 조수라기보다 영화 제작자처럼 보일 때도 있었지만 히치콕이 수상 소감에서 언급한 '끝없는 공동 작업'이라는 표현은 영화사의 가장 기억할 만한 시기에 그녀가 얼마나 많은 공헌을 했는지 인정하는 것이다.

그녀가 막후에서 위대한 영화감독에게 미친 영향은 훗날 전기 작가들의 흥미를 자극했다. 2012년 영화화되기도 한 소설《히치콕과 사이코*Alfred Hitchcock and the Making of Psycho*》(영화 제목 〈히치콕〉)에는 히치콕의 영화 제작 과정을 비롯해 숨은 조력자로서 그녀의 역할을 재조명했다.

앨프리드 히치콕 Alfred Hitchcock, 1899~1980
영국과 미국을 오가며 활동한 서스펜스의 대가. 제작, 각본, 편집, 미술에도 능했으며 영화계 최초 스타 감독으로 평가받는다. 대표작으로 〈현기증〉 〈사이코〉 〈북북서로 진로를 돌려라〉 〈이창〉 등이 있다.

앨마 레빌 Alma Reville, 1899~1982
유명 영화 편집자였으나 남편의 성공을 위해 더욱 헌신한 내조의 여왕.

"그녀 없인 아무것도 못해요"

글을 쓸 때만큼은 세상에서 가장 행복합니다.
그러니 살아 있는 동안 쓰고 또 쓸 거예요.
언제 그만둘지 물어보진 마세요. 저도 모르니까요.
— P. D. 제임스

귀족적인 외모의 날씬한 여인 조이스 매클레넌은 오늘도 버스를 타고 출근한다. 그녀가 도착한 곳은 런던 홀랜드 파크의 어느 집. 그곳에는 P. D. 제임스라는 작가가 살고 있다. 영국 미스터리의 여왕이요, 화려한 수상 경력을 지닌 작가이며, 시인 형사인 애덤 달글리시를 탄생시킨 주인공이다. 홀랜드 파크의 제임스 남작, 대영제국 훈장 수훈자, 왕립예술협회 회원, 왕립문학협회 회원, 일곱 개의 명예박사학위를 취득하고 네 곳의 명예 회원으로 위촉된 영국 상원의 종신 귀족이기도 하다. 하지만 37년 동안 함께 일해온 매클레넌에게 이 존경받는 작가는 그저 '필리스'일 뿐이다. 매클레넌은 제임스가 일곱 번째 소설을 출간한 직후에 비서로 고용되었다.

매클레넌의 지성과 조직력은 그녀의 타고난 착한 성품을 더욱 돋보이게 한다. 제임스는 자서전에 매클레넌은 '한결같이 착한 사람'이라고 썼다. 제임스의 대중적 인기가 높아짐에 따라 비서도 덩달아 바빠지던 때에 매클레넌은 그녀가 믿고 의지할 수 있는 든든한 존재였다. "내가 제정신을 유지할 수 있도록 의지하는 몇 안 되는 친구들 중에서도 매클레넌은 1순위예요."

원래 매클레넌의 직업은 파트타임 타이피스트였다. 어린 자식 둘을 키우며 재택 근무하는 조건으로 두 사람의 공조체제는 출발했다. 당시 제임스는 손으로 쓴 메모들을 보며 구술을 해서 테이프에 녹음을 했다. 그러면 매클레넌이나 제임스의 출판사 파버&파버의 직원이었던 매클레넌의 남편 마이크가 그 테이프를 받아가곤 했다. 가끔 제임스는 테이프를 현관문 옆의 커다란 돼지 모양 도자기 안에 숨겨 두기도 했다. 이제는 매클레넌이 테이프 내용을 컴퓨터에 입력한 다음 출력해서 제임스가 편집하도록 건네준다. 저명한 미스터리 작가는 자료 조사와 구성, 집필에만 집중하면 그만이었다.

작가로 성공하면서 사업적인 면에 할애해야 할 시간이 점점 늘어나자, 제임스와 매클레넌은 우편물들을 붙들고 씨름해야 했다. 이메일 회신, 자선 경매를 위한 사진 촬영, 작가의 책 서명 요청, 그리고 인터뷰와 자문 요청에 대한 응답 등 할 일이 산더미처럼 쌓였다. 제임스가 여행을 떠나면 매클레넌은 쏟아져 들어오는 우편물과 제임스의 부재 동안 처리해야 할 업무를 도맡았다. 제임스의 입에서 이런 소리가 절로 나올 수밖에 없었다. "그녀가 없으면 난 정말 아무것도 못할 거예요."

다양한 위원회에서 활동 중인 유명 인사를 보필하자니, 자연히 바빠지는 사람이 매클레넌이었다. 부커상 심사위원단 의장직부터 16년 동안 맡아온 작가협회 회장직까지 제임스의 활동에 매클레넌의 세세한 손길이 미치지 않는 곳이 없었다. 제임스가 영국 성공회 전례위원회 모임에 참석한 후, 넘쳐나는 서류 작업을 처리하던 매클레넌은 '하느님'이란 이름표가 붙은 새 파일을 만들었다고 한다.

매클레넌은 결코 자신을 드러내지 않는, 제임스의 조용한 동맹군으로 남았다. 영국의 저널리스트 케이트 켈러웨이는 그녀에 대해 이렇게 말했다. "비서, 친구, 그리고 다재다능한 조력자." 제임스는 2001년에 《성직자의 죽음*Death in Holy Orders*》을 출간하면서 작가의 말에 둘 사이의 친밀함을 이렇게 드러냈다. '나의 비서, 조이스 매클레넌에게 특별히 감사한다. 컴퓨터를 다루는 기술은 물론이고, 여러모로 그녀의 큰 도움으로 이 책을 쓸 수 있었다.'

제임스가 심장에 문제가 생겨 옥스퍼드의 한 병원에 입원해 있을 때도 매클레넌은 런던에서 일주일에 두 번씩 오가며 그녀의 작업을 도왔다. 이번에도 제임스는 그녀의 조력으로 달글리시 소설의 새 시리즈인 《비밀 환자*The Private Patient*》의 집필을 마칠 수 있었다. 그녀의 소설은 다음 문장에서 볼 수 있듯, 미스터리의 특징인 설정 감각과 깊이 있는 심리, 강렬한 묘사로 유명하다. '마치 권총이 발사되듯 유리병이 박살나며 깨지는 소리, 독한 위스키 냄새, 느끼자마자 바로 사라져버린 타는 듯한 통증과 그녀의 볼을 타고 흘러내리던 뜨거운 피, 의자 시트 위로 똑똑 떨어지던 선연한 핏방울과 어머니의 처연한 비명, 그것뿐이었다.'

매클레넌의 한결같은 묵묵한 지원으로 작가는 90세가 넘어서까지 집필에 전념할 수 있었다. 사진을 찍거나 인터뷰하는 일은 이제 거의 없지만 말이다. 미들섹스, 피너 지방 출신의 매클레넌은 남편을 먼저 저세상으로 보내고, 장성한 아들들도 각자의 인생으로 내보낸 뒤, 웨스트 런던 외곽의 일링에서 고양이 타일러와 래퍼티를 키우며 살고 있다. 제임스가 필생의 열정의 대상이었던 두 가지―추리소설과 제인 오스틴에 관한 소설―를 한데 엮어 오스틴의《오만과 편견 *Pride and Prejudice*》속편인《펨벌리의 죽음*Death Comes to Pemberley*》을 완성했을 때 제임스는 이런 헌사를 썼다.

조이스 매클레넌을 위하여
35년 동안 내 소설을 타이핑해준 나의 개인 비서, 나의 친구,
그녀에게 애정과 고마움을 담아

P. D. 제임스 P. D. James, 1920~2014
애거서 크리스티의 계승자로 불리는 영국 추리소설의 여왕. 일찍 세상을 떠난 남편 대신 두 딸의 생계를 책임지느라 간호사 등 다양한 직업을 전전했다. 1962년《그녀의 얼굴을 가려라》로 데뷔한 후《여탐정은 환영받지 못한다》《검은 탑》《나이팅게일의 수의》등을 집필했다.

조이스 매클레넌 Joyce Mclennan, 1943~
제임스가 아흔 살이 넘어서까지 창작에 몰두할 수 있도록 늘 곁을 지킨 비서이자 친구.

Marilyn Monroe

....

세계를 유혹한 치맛바람

혼자 있을 때 난 나 자신으로 되돌아간다.
성공은 공공연하게 만들어지지만
재능은 혼자 있는 시간에 만들어진다.

– 마릴린 먼로

1951년 샘 쇼는 영화 〈혁명아 자파타〉의 사진작가로 고용되었다. 이 영화의 감독 엘리아 카잔은 운전면허가 없는 샘을 위해 이제 조금 이름을 알리기 시작한 마릴린 먼로라는 여배우에게 매일 사진작가를 촬영장으로 태워와 달라고 부탁한다. 여배우와 사진작가의 평생에 걸친 우정과 협력은 이렇게 시작되었고, 훗날 20세기의 가장 상징적인 사진들로 정점을 찍는다.

샘 쇼는 법정 스케치 전문 화가로 시작하여 사진 잡지의 아트 디렉터가 되었다. 먼로를 만났을 때는 주간지에 실리는 영화 홍보 사진을 찍는 일을 하고 있었다. 1950년대 초, 샘 쇼는 영화 홍보를 위한 스틸 사진으로 명성을 얻는다. 찢어진 티셔츠를 입고 있는 말론 브란도의 사진은 테네시 윌리엄스 원작의 영화 〈욕망이라는 이름의 전차〉의 상징이 되었다.

1954년 마릴린 먼로는 훗날 사람들이 가장 기억에 남는 배역으로 손꼽는 〈7년 만의 외출〉의 여주인공으로 캐스팅되었다. 이 영화의 스틸사진작가 샘 쇼는 영화 촬영 기간 내내 연기 중일 때나 아닐 때나 먼로의 모습을 카메라에 담았다. 샘은 좋은 사진이 나올 만한 장면을 미리 점찍었다. 여주인공과 상대역인 톰 이웰이 어느 더운 여름 날 극장에서 막 나오는 장면이었다. 그들 밑으로 지하철이 지나가면서 바람이 훅 불어오자 먼로가 이렇게 말한다. "어머, 지하철에서 올라오는 이 바람 좀 느껴봐요."

그 장면은 좌파 성향의 잡지 〈프라이데이〉의 기사를 위해 1941년 그가 찍었던 사진 시리즈를 떠올리게 했다. 코니아일랜드의 산책로에서 휴가를 즐기고 있는 해군들의 모습을 담은 기사였다. 대개 그 잡지의 표지는 당시 노동자 계급의 이슈들을 그려 넣었지만 샘은 해군과 젊은 여성의 장난기 어린 사진을 실어보자고 편집장을 설득했다. 둥근 원통형 터널 안에 남녀가 서 있고 돌아가는 터널이 만드는 바람이 여자의 치마를 살짝 걷어 올리는 모습이었다. 잡지는 나오자마자 매진되었다.

그로부터 13년 후 샘은 그 '터널' 이미지를 먼로에게 다시 시험해보고 싶었다. 홍보 이벤트는 렉싱턴가에서 진행되었다. 먼로와 이웰의 연기를 보려고 기자들과 팬들이 구름 떼처럼 몰려들었다. 촬영이 진행되는 동안 구경꾼들은 바람에 나부끼는 하얀 드레스를 입은 먼로에게 환호를 보냈다. 인파의 소리가 어찌나 크던지 빌리 와일더 감독은 그날 촬영한 필름을 쓸 수 없었고 샘 쇼도 로스앤젤레스의 방음 스튜디오에서 다시 사진을 찍어야 했다.

그러나 뉴욕의 소음은 샘 쇼가 '그 사진'을 찍는 것까지 방해하진 못했다. 지하철 환풍구에서 올라오는 바람을 밟고 선 먼로는 친구 샘을 돌아보며 그녀만의 애칭으로 그를 불렀다. "하이, 샘 스페이드." (영화 〈말타의 매〉에서 험프리 보가트가 연기한 배역) 샘 쇼는 그 순간 먼로의 모습을 포착했다. 다음 날 아침 뉴욕, 베를린, 런던, 파리, 로마, 도쿄의 신문 1면에 그 사진이 실렸다. 몇몇 역사적 사건들을 상징하는 랠프 왈도 에머슨의 유명한 문구(전 세계가 들은 총성(shot))를 빌려, 샘 쇼의 '펄럭이는 치마' 사진은 '전 세계가 본 사진(shot)'이라 불렸다.

그 사진은 또 전 세계적으로 먼로의 전설적인 지위를 굳건히 했다. 60여 년이 흐른 뒤 새로운 세대의 팬과 학자들은 전후 시대의 희망과 성 해방의 상징인 마릴린 먼로에게 넋을 잃었다. 샘 쇼는 훗날 이렇게 회고했다.

"그녀의 신화가 날이 갈수록 점점 더 커진 것은 비극적인 그녀의 삶 때문이 아니다. 그것은 그녀가 주는 기쁨 때문이다. 그녀는 생기 넘치는 여성의 즐거운 순간들을 보여주었다. 무엇보다 중요한 것은 오늘날의 아이들이 누리는 자유를, 그때 그녀가 보여주었다는 것이다. 단지 자기 시대보다 15년, 20년을 앞섰다는 것 때문에 자신의 자유를 위한 대가를 치러야 했을 뿐."

아이러니하게도 치마가 들려 허벅지가 드러난 사진은 샘 쇼가 찍은 먼로의 유일한 연출 사진이었다. 좀 더 사적이고 친밀한 사진들은 '경계를 풀고 있는 그녀, 일하는 그녀, 무대 뒤에서 편하게 쉬는 그녀를 보여주기 위해' 찍은 것들이었다. 그리고 이 매혹적인 여인의 즐거웠던 순간들과 때때로 혼자였던 시간들까지도.

마릴린 먼로 Marilyn Monroe, 1926~1962
미국을 대표하는 여배우이자 섹스 심벌. 모델 시절 찍은 누드사진을 계기로 할리우드의 러브콜을 받았다. 〈신사는 금발을 좋아해〉〈7년 만의 외출〉〈뜨거운 것이 좋아〉 등에 출연하며 세계적인 배우로 성장했다.

샘 쇼 Sam Shaw, 1912~1999
무명배우 시절부터 가장 가까이에서 먼로의 사진을 담당한 사진작가.

Vladimir Nabokov

··

걸작을 빛내는
한 줄의 헌사

마치 당신의 영혼에는
나의 모든 생각들을 위한 자리가 준비되어 있는 것만 같소.

– 나보코프가 아내에게 보낸 연애편지 중에서

러시아에서 태어나 미국으로 망명하여 단 한 편의 소설로 문학계를 뒤흔든 블라디미르 나보코프에게는 아내이자 조력자가 늘 그의 삶을 그림자처럼 따라다녔다.

1923년 두 사람의 만남은 로맨틱하게 시작되었다. 그녀는 검정 새틴 가면을 쓰고 베를린의 어느 다리 위에서 블라디미르에게 그의 시를 낭송해주었다. 바로 그 순간 젊은 작가 나보코프는 베라 슬로님이 평생을 함께할 운명의 여자임을 직감했다. 그는 그녀에게 열정적인 연애편지를 보냈다. 그중 하나에 이렇게 썼다.

"마치 당신의 영혼에는 나의 모든 생각들을 위한 자리가 준비되어 있는 것만 같소."

1925년 나보코프는 총명하고 우아하고 겸손한 그 여인과 결혼하였고, 이후 54년 동안 삶의 우여곡절을 함께 겪는 동반자가 된다.

베라 슬로님은 1902년에 상트페테르부르크의 상류층 유대인 집안에서 태어났다. 1921년 베라의 가족은 독일로 이주했다. 베라는 그곳에서 자동화 무기 다루는 법을 배웠고, 소비에트연방 지도자 암살 계획에 몸담았다는 이야기도 있다. 총명하고 두려움을 모르는 여성이었던 베라는 건축공학 학위를 과감히 버리고 타자 기술을 배워 남편을 조력하는 삶을 살게 되었다. 작가 수업을 받고 번역 공부를 하는 등 삶의 진정한 목적을 남편에게서 찾았던 것이다.

베라는 블라디미르의 천재성을 굳게 믿었고 그의 예술에 영감을 주고 그가 당대 문학의 거인으로 우뚝 설 수 있도록 헌신하는 것을 자랑스럽게 여겼다. 예리함과 심미적 감수성, 놀라운 기억력, 외국어 능력을 갖춘 그녀는 그 역할을 완벽하게 해냈다. 사람들은 이들 부부와 같은 친밀함은 보기 드문 것이라 말했고, 어떤 이들은 이 부부가 초자연적으로 연결되어 있는 것 같다고까지 얘기했다.

베라는 그의 대필자, 번역가, 수석 특파원, 조교, 저작권 대리인, 운전기사, 스크래블(글자 만들기를 하는 보드 게임 - 옮긴이) 파트너, 나비 채집 동무였다. 그녀는 남편의 모든 작품의 첫 번째 독자였으며, 비평가, 편집자이자 영감의 원천이었다. 이 때문에 많은 사람들이 블라디미르의 작품에도 그녀가 손을 댄다고 생각했고, 베라야말로 진짜 작가일지 모른다고 의심하는 사람들도 있을 정도였다. 남편이 집필하는 동안 베라는 원고를 타자로 치고 또 쳤고, 그의 메모장으로 유명한 수천 장의 색인 카드를 정리했다. 이렇게 잡무를 도맡음으로써 남편이 방해받지 않고 마음껏 창의력을 발휘할 수 있게 했다.

평생 남편의 운전기사를 자처했던 베라는 나비 표본을 채집하러 가는 블라디미르의 여행 길잡이가 되어 미국 전역을 누볐다. 한번은 애리조나 주를 탐험하던 중 방울뱀을 만나 놀란 뒤로는 권총을 장만하여 남편의 경호원 역할까지 추가했다. 남편을 암살로부터 보호하기 위해 베라가 사교계 모임이나 강연장에 갈 때도 핸드백 안에 권총을 넣고 다닌다는 소문도 돌았다. 뿐만 아니라 불리한 계약서, 실력 없는 번역가, 그리고 때로는 작가 본인으로부터 남편의 작품을 열성을 다해 지켜냈다. 한 줌 재로 변할 뻔한 소설 《롤리타*Lolita*》의 원고를 구해낸 것도 한두 번이 아니었다. 블라디미르가 원고를 불태우려고 했을 때 베라가 원고들을 불길에서 건져냈다. 이런 우여곡절 끝에 1955년에 영어로 출간한, 10대 소녀에 대한 중년 남자의 성적 집착을 묘사한 소설 《롤리타》는 많은 반향을 불러일으켰고, 롤리타 콤플렉스라는 단어를 낳기도 했다.

2009년 나보코프의 사후 32년 만에 세상에 그 모습을 드러낸 미완성 유작 《오리지널 오브 로라*The Original of Laura*》는 그녀가 아니었으면 독자와 만날 수 없었다. 나보코프는 아프기 전 138장의 색인 카드에 이 작품에 대해 써 두었으나 머릿속으로만 완성하고 끝마치지 못한 채 세상을 떠났다. 그는 아내에게 자신이 이 작품을 완성하지 못하고 죽는다면 원고를 모두 불태워버리라는 유언을 남겼다. 그러나 그녀는 결정을 유보한 채 남편의 원고를 스위스 은행에 보관했으며, 아들 드미트리에게 그 소임을 맡기고 1991년 세상을 떠났다. 보통의 아내라면 남편의 유지를 지켰을 테지만 남편의 작품과 독자를 잇는 다리 역할을 해온 베라는 차마 원고를 불태우지 못했던 것이다. 덕분에 그의 유작은 아들을 통해 2009년 세상에 나올 수 있었다.

나보코프가 살아 있는 동안 아내 이상의 역할을 담당하며 완벽하게 헌신했던 베라는 병상에 있는 남편을 간호하다 척추를 다쳤다. 이후 점점 곱사등이가 되어가다가 결국은 등이 완전히 굽고 말았다. 위대한 작가의 사망 기사에 실렸듯 '그들은 서로에게 완벽하게 헌신했다.' 나보코프의 모든 소설의 헌사가 '베라에게'인 것은 어쩌면 너무나도 당연한 일이리라.

블라디미르 나보코프 Vladimir Nabokov, 1899~1977
러시아 출신 소설가. 스탠퍼드, 코넬, 하버드 대학에서 문학을 가르치다가 《롤리타》의 성공으로 글쓰기에만 전념한다.

베라 나보코프 Vera Nabokov, 1902~1991
남편이 당대 문학의 거장으로 우뚝 서는 것에 자기 삶을 바친 헌신적인 아내.

Lewis and Clark

손끝에서 탄생한 미국의 역사

목표에 대한 확고함과 인내심을 소유했으며,
부하들에게 아버지처럼 자상하고,
질서와 규율을 유지하는 데 있어 한결같은 루이스와 클라크에게
나는 아무런 주저 없이 그 사업을 맡길 수 있었다.

– 토머스 제퍼슨

1803년 토머스 제퍼슨 미국 대통령은 메리웨더 루이스 대위와 윌리엄 클라크 소위를 탐험대 대장으로 임명한다. 탐험대의 임무는 미주리 강의 물길의 경로와 태평양으로 연결되는 물길을 찾아내는 것이었다. 그리하여 1804년 5월부터 1805년 9월까지 미주리 강 서쪽을 따라 콜롬비아 강을 거쳐 태평양 연안으로 가는 탐험대의 여정이 시작된다. 루이스와 클라크는 여정을 마친 후 여정 기록과 지도를 작성하여 대통령에게 보고하게 된다.

　루이스 앤드 클라크 탐험으로 불리는 이 여정에는 중요하지만 망각된 또 하나의 이름이 있다. 존 오드웨이라는 대원이다.

　'신께 감사드리며, 사기도 충만합니다.' 오드웨이 병장은 1804년 4월 8일 부모님에게 보낸 편지에 이렇게 적었다. 봄이 다가올 무렵, 탐험대는 일리노이 주 남서쪽의 겨울 캠프로 출발할 준비를 하고 있었다. "우리는 배를 타고 미주리 강을 거슬러 항해가 가능한 곳까지 올라간 뒤, 아무것도 우릴 가로막지 않는다면 육지를 통해 서쪽 바다까지 갈 겁니다." 오드웨이는 만약 그들이 성공한다면 '약속받았던 것보다 더 후한 보상'이 기다리고 있을 것이라고 썼다. 스물아홉 살의 오드웨이는 보상은커녕 목숨을 잃을 수도 있다는 것을 알고 있었다. '사고가 생길지도 몰라요. 혹시 모르니 알려드려요. 200달러를 현금으로 남겨두었어요. (……) 만약 제가 살아 돌아가지 못한다면 가족이 그 돈과 임무 수행을 한 대가로 국가가 제게 약속한 돈을 받을 수 있을 거예요.'

19세기 초에 죽음은 어떤 미래를 계획하고 있건 간에 항상 등 뒤에 악착같이 도사리고 있는 문제였다. 녹슨 못 위에 발을 한 번 잘못 올렸다가 지독한 열병을 앓을 수도 있었고, 가벼운 감염을 제대로 조치하지 않았다간 먼저 간 가족들의 무덤 옆에 묻힐 수도 있었다. 그런 시절에 그 탐험대가 1만 3,000킬로미터를 이동하는 2년 동안 맹장염으로 딱 한 사람만 목숨을 잃었다는 것은 정말 기적 같은 일이었다.

이런 성공적인 결과는 무엇으로 설명할 수 있을까? 행운? 준비성? 절도 있는 군 생활? 이 세 가지가 모두 조금씩 기여했겠지만 가장 큰 요인은 오드웨이 병장의 도움이었다. 술 취했거나 잠든 보초병(이들은 툭하면 위스키 통의 술을 슬쩍 축내곤 했다)을 색출하는 것에서부터 반란 혐의가 있는 병사의 군법회의 주제에 이르기까지 오드웨이는 탐험 부대의 군기를 유지하는 일을 도맡았다. 덕분에 적대적인 인디언들과 무시무시한 곰들로부터 대원들을 무사히 지켜낼 수 있었으며, 잘못된 판단이나 사고로 허망하게 목숨을 잃는 일이 없었다.

태평양에서 귀환한 뒤 루이스와 클라크는 오드웨이를 아이다호와 몬태나 지역 원정 부대의 대장으로 임명했다. 이런 임무를 부여하는 것은 그에 대한 신뢰 없이는 불가능한 일이었다. 열 명의 대원을 통솔해 미주리 강을 따라 내려가 미지의 땅을 탐험하는 위험한 여정이었다.

오드웨이는 원정의 정신과 안전 사수에 꼭 필요한 사람이기도 했지만 루이스와 클라크의 유산에 그가 남긴 진정한 가치는 기록자로서의 면모였다. 오드웨이는 전 여정의 사건들을 일지에 적는 '기록 작성'의 임무를 부여받았다. 그리고 루이스와 클라크 대장이 '당대 탐험가 가운데 가장 뛰어난 기록자'로 불렸음에도 그들은 동부로 돌아온 후 오드웨이의 일기를 구입해야 할 필요성을 느꼈다. 그 일기는 루이스와 클라크에게 '탐험의 시작부터 끝까지 하루도 빠짐없이 그날의 일을 기록한 자료'였다.

1814년 오드웨이의 기록은 대장들의 일기와 함께 니콜라스 비들에 의해 편집되어 출판되었다. 오드웨이 병장의 일기는 탐험의 빈칸들을 메워주었고, 연대표를 확인해주었으며, 기록을 충실하게 보강해서 그 탐험이 미국 초기 신화의 핵심 사건으로 자리매김할 수 있도록 기여했다.

그러나 비들이 오드웨이 일기의 원본을 분실하는 바람에 그 일기는 영원히 주인의 손으로 돌아오지 못했다. 오드웨이 역시 역사 속으로 사라져버렸다. 미주리 주 뉴마드리에 있는 그의 농장이 번창했다는 것 외에는 남아 있는 기록이 없다. 하지만 오드웨이의 운명에 대한 추측은 조금 남아 있다. 1811년, 미주리 강 골짜기를 뒤흔드는 지진이 일어나 강의 흐름이 바뀌고 광범위한 지역이 파괴되었다. 역사가들은 그때 오드웨이가 모든 것을 잃었을 거라고 추정한다. 그의 탐험대가 무사히 임무를 수행할 수 있도록 도와주었던 대자연이 이번에는 오드웨이를 집어삼킨 것이었다. 미주리 주는 1818년 사망자 명단에 그의 이름만 달랑 올려놓았다. 다른 정보는 전혀 없었다.

그로부터 한 세기가 흐른 뒤 니콜라스 비들의 손자들이 한 뭉치의 편지들 속에서 오랫동안 사라졌던 존 오드웨이의 일기를 발견했다. 그의 이야기는 1916년에 출판되었다. 미국 탐험대의 역사에서 중요한 역할을 한 그 남자는 그렇게 전설의 일부가 될 수 있었다.

메리웨더 루이스 Meriwether Lewis, 1774~1809 **윌리엄 클라크** William Clark, 1770~1838
미국 군 장교이자 탐험가들. 1804년 토머스 제퍼슨의 특명에 따라 미주리 강에서 출발하여 태평양에 이르는 1만 3,000킬로미터 탐험을 진두지휘했다. 미국 건국 초기 서부 개척시대의 서막을 열었다.

존 오드웨이 John Ordway, 1775~1817
루이스 앤드 클라크 탐험대의 군기와 안전을 위해 힘썼으며 탐험의 전 과정을 기록해 미국 건국 역사의 한 페이지를 장식한 탐험가.

Margaret Sanger

여성운동가를 도운 어느 화학자

여성은 자기 몸의 주인이 되어야 하고
생명을 생성하거나 그 생성을 억제할 권리를 가져야 한다.

– 마거릿 생어

걸출한 여성운동가였던 마거릿 생어는 피임을 뒷골목 암시장에서 미국 의학의 주류로 끌어낸 주인공이다. 뉴욕에서 태어나 간호학교를 졸업하고 보건간호사가 된 생어는 빈민가에 근무하면서 빈곤과 다산이 모자(母子)의 사망률을 높인다는 것을 알았다. 그녀는 산아제한을 위해 의사가 피임을 처방할 수 있는 권리를 가져야 한다고 생각했다. 하지만 당시 피임은 금기시되는 문제였다.

1873년에 제정된 컴스톡 법은 피임을 음란한 것으로 규정하고 피임을 논하거나 피임약을 배급하는 것을 금지했다. 20세기 초 마거릿 생어는 이 법에 저항하는 운동을 시작한다. 그러나 생어가 벌인 운동이 이런 법안들을 폐기했음에도 불구하고 현실적인 문제는 여전히 남아 있었다. 생어는 이 문제를 이렇게 지적했다.

"의지가 있는 의사들도 마땅히 추천할 약이 없다는 문제에 직면하고 말았습니다. (……) 이론만 있고 현실적인 방법은 없는 셈이죠."

유럽에서 제조된 페서리(질 상부를 밀봉하여 정자가 자궁 안으로 들어가는 것을 방지하는 피임 기구 - 옮긴이)와 콘돔은 수입이 금지되어 있었다. 화학 살정제는 값만 비싸고 안전성과 효능이 떨어졌다. 의학적으로 승인된 피임 시장은 규모가 매우 컸지만 미국의 대기업들은 로마 가톨릭 교회와 같은 막강한 압력단체가 두려워 논란이 많고 세상의 이목을 끌 만한 그 문제를 피하려 했다. 그래서 생어는 큰 기업들의 그림자 속에서 일할 수 있는 작고 독립적인 회사를 찾았다.

그 그림자 아래에서 생어가 만난 사람이 너대니얼 엘리아스라는 겸손하고 유머 있는 화학자였다. 그는 생어에게 부족한 기술적인 지식과 제품을 공급해주며 수십 년에 걸쳐 그녀를 도왔다.

뉴욕의 폴란드 이민자 가정에서 성장한 엘리아스는 젊은 시절 뉴욕 사회주의운동의 돌풍에 가담했고, 1915년 컬럼비아 대학을 졸업하면서 노동자의 복지 실현을 위한 제품 생산에 몸담았다. 토머스 에디슨의 실험실에서 일할 때 천연 고무의 모조 대용품을 발견했고, 미국 화학기업 듀폰 사의 연구 부서에서 근무할 때는 1차 세계대전으로 독일 염료 산업이 차단되자 염료 연구에 몰두하기도 했다.

종전 후 아내를 잃고 어린 두 아이들과 남은 엘리아스는 작은 연구소를 운영하며, 뉴욕 브로드웨이 684번지에 위치한 듀렉스라는 작은 회사의 연구 감독 일을 맡았다. 이 회사는 인도에서 설립된 회사로 페서리, 콘돔 그 외의 다른 피임 제품을 제조했다. 마거릿 생어가 이 회사에 관심을 갖게 되면서 이 회사의 '인조 고무와 약품들'은 뉴욕의 병원들과 가정으로 진출했고, 2차 세계대전의 극동 지역 군사 작전에 투입된 영국군과 연합군에 군용 품목으로 납품되었다.

엘리아스는 전후 생어와의 공동 작업에 새로운 통찰을 제시한 사람이었다. 생어는 국제가족계획연맹 대표를 맡았는데, 당시는 대부분의 개혁가들이 건강과 복지 문제에 두루두루 적용되는 포괄적인 기술적 해결책을 찾고 있던 때였다. 이때 엘리아스는 피임법이 사안에 따라 적절하게 적용되어야 한다는 점을 생어에게 납득시키기 위해 노력했다.

1952년 봄, 생어는 인도 봄베이(지금의 뭄바이)에서 엘리아스에게 편지를 보내 분말 제제로 된 살정제 샘플을 요청했다. 엘리아스는 그 대신 새로운 상품인 고무 스펀지에 발라서 쓰는 액체 살정제를 제안했다. 그리고 제품 제조 역량과 1인당 비용에 관한 상세한 분석을 함께 보내며 적정한 생산과 배급, 교육에 대해서는 당국에 맡기라고 설득했다. 하지만 생어는 그가 역설한 의미에 별 관심을 보이지 않았다.

생어가 피임 외교를 펼칠 때 엘리아스는 뒤에서 과학적 지식들을 조용히 보완해주며 그녀의 부족한 면을 덮어주었다. 생어가 페서리를 만드는 데 필요한 다이스(dies: 금속의 소성가공에 사용하는 틀)를 화학 염료(dyes)로 잘못 알았을 때도 그랬고, 통계적으로 의미 있는 확률을 얻기에는 너무 작은 표본에 제품을 실험하려고 했을 때도 편지를 보내 이를 교정해주었다. 하지만 생어는 자신이 엘리아스에게 많은 빚을 졌음을 사적으로만 인정했다. 자신의 성공을 돌아보며 생어는 엘리아스에게 이런 편지를 보냈다. '수년에 걸친 이 운동에 여러 사람들의 헌신과 기여가 없었더라면 아무것도 이루지 못했을 거예요. 좋은 제품들을 만들어준 제조업자와 수많은 시간을 연구에 쏟은 과학자들의 공이 큽니다.'

그러나 엘리아스는 유명세나 명예에 욕심이 없는 사람이었다. 그보다는 가족과 함께 집 근처의 마서즈 빈야드 해변을 거니는 것을 좋아했고, 평생토록 아들과 함께한 과학과 계측에 대해 토론하는 데서 더 큰 기쁨을 찾았다. 이것은 그가 세계 구석구석을 누비며 활동할 당시 주고받은 편지들에 고스란히 간직되어 있다.

마거릿 생어 Margaret Sanger, 1883~1966
산아제한운동을 벌인 미국 여성운동가. 빈민가에서 간호사로 근무하며 다산과 빈곤이 산모와 태아의 사망률을 높인다고 생각해 의사가 피임을 처방할 권리를 갖도록 하는 데 기여했다. 1953년 국제 산아제한연맹을 조직한다.

내트 엘리아스 Nat Elias, 1895~1964
여성 인권 신장에 헌신한 생어의 곁에서 기술적 조언과 필요한 재원을 마련해준 화학자.

Francis Crick and James Watson

그녀만 비켜간 노벨상

사실을 많이 아는 것보다는 이론적 틀이 중요하고,
기억력보다는 생각하는 법이 더 중요하다.

– 제임스 왓슨

제임스 왓슨과 프랜시스 크릭, 그리고 모리스 윌킨스는 DNA의 이중나선 구조와 기능을 밝힌 공로를 인정받아 1962년 노벨 생리의학상을 수상했다. 하지만 왓슨과 크릭이 디옥시리보 핵산의 구조를 정확히 밝히는 데 결정적인 증거로 기여했던 것은 한 여성 연구원의 DNA 엑스선 사진이었다. 더 놀라운 사실은 로잘린드 프랭클린이 그 엑스선 사진을 자의로 공유한 것이 아니라, 윌킨스가 그녀 몰래 그들에게 사진을 보여주었다는 점이다. 한마디로 연구 성과를 가로채간 것이다. 왓슨과 크릭에겐 분명 창의적인 직관이 있었다. 그러나 그들의 직관을 자극한 로잘린드의 실험 데이터가 없었다면 노벨상을 수상했으리라 보기 어렵다.

　부유한 영국 가정 출신의 똑똑하고 의욕 넘치는 로잘린드 프랭클린은 뛰어난 여학생이었고, 여행을 좋아하는 사람으로 성장했다. 로잘린드는 케임브리지를 졸업한 후 국가 연구소에서 일하다가 파리로 건너가 결정체의 구조를 연구하는 데 엑스선을 이용하는 법을 배웠다. 그녀는 파리를 좋아했지만 가족과 가까이 살고 싶다는 생각에 고국인 영국으로 돌아가기로 한다.

1951년, 로잘린드는 엑스선 결정학의 전문 지식과 기술을 런던의 킹스 칼리지로 가져왔다. 그곳에서 그녀는 100여 시간에 걸쳐 DNA를 촬영해 선명한 엑스선 사진을 뽑아내는 데 성공했다. 로잘린드는 DNA에 두 개의 형태, A형태와 B형태가 있음을 발견했다. 왓슨과 크릭이 DNA가 나선 구조임을 증명할 수 있도록 해준 것이 바로 그녀가 발견한 B형태의 사진이었다. 그러나 완벽주의자였던 그녀는 A형태에 대한 정보를 좀 더 확실히 얻기 전에는 그 사진을 공개하지 않기로 했다.

로잘린드는 여성 연구원을 무시하고 여성은 교수 식당 출입이 금지된 킹스 칼리지의 적대적인 근무 환경 속에서도 끈기 있게 연구를 수행해나갔다. 그녀는 동료 윌킨스와 계속 마찰을 빚었는데, 바로 그가 로잘린드의 DNA 엑스선 사진을 왓슨에게 건넨 인물이었다. 로잘린드가 윌킨스와 원만하게 지내지 못했던 이유는 아마도 로잘린드의 역할에 대한 오해 때문이었던 것으로 보인다. 그녀는 엑스선 결정학에 대한 남다른 전문성을 인정받고 독립 연구원 자격으로 고용되었다고 믿었다. 반면 윌킨스는 로잘린드가 그의 보조 연구원으로 들어왔다고 생각했는데, 자주 그녀의 연구에서 배제되는 느낌을 받았다.

로잘린드는 왓슨과도 사이가 좋지 않았다. DNA 구조의 발견에 관한 저서 《이중나선*The Double Helix*》에서 왓슨은 로잘린드를 자신과 동료들이 부르던 애칭 '로지'로 언급하고 있다. 이 책에서 왓슨은 그녀가 괴팍하고, 비밀스럽고, 협조적이지 않으며, 화가 나면 주먹다짐까지 하며, 전혀 여자답지 못하고, 옷도 촌스럽게 입고 다니며, DNA 사진은 잘 찍었지만 해석할 줄은 몰랐다고 흉보았다. 그러면서도 자신의 연구 성과를 위해서는 로잘린드의 DNA 사진이 꼭 필요했다고 거리낌 없이 밝히고 있다.

게다가 이 책은 그녀가 세상을 떠나고 10년이나 지나서 출판되었다. 에필로그에서 왓슨은 로잘린드의 엑스선 작업을 '최고'라며 극찬했고, 그녀의 '정직함과 관대함'에 감사를 표했다. 그리고 "여성을 종종 진지한 사고를 흩뜨리는 존재로 치부하던 과학계에서 인정받기 위해 이 총명한 여자가 겪었을 시련을 자신은 너무나 늦게 깨달았다"고 고백하기도 했다.

킹스 칼리지의 긴장된 환경 때문에 로잘린드는 1953년 버크벡 칼리지(런던 대학교 소속)로 옮겨가 바이러스를 연구하는 새로운 노선을 추구했다. 그녀의 동료 아론 클러그는 1982년 노벨상을 수상하는 자리에서 로잘린드에게 찬사를 보냈다.

1956년 로잘린드는 난소암에 걸렸는데 아마도 엑스선에 과다 노출된 것이 원인이었던 것으로 보인다. 그녀는 1958년 서른일곱 살의 젊은 나이로 눈을 감기 직전까지 성실하게 연구에 임했다. 사람들은 중요한 발견을 하고도 노벨상을 받지 못하고 일찍 세상을 뜬 그녀를 'DNA의 다크 레이디'라고 부른다.

그러나 그녀의 연구가 마치 나선 구조처럼 DNA 구조 발견의 한 부분으로 얽혀 있음을 우리는 잘 알고 있다.

프랜시스 크릭 Francis Crick, 1916~2004 **제임스 왓슨** James Watson, 1928~
생물학자이자 생리의학 분야 노벨상 수상자. 1953년 DNA의 이중나선 구조에 관한 논문을 과학 잡지 〈네이처〉에 발표해 생물학계에 커다란 발전을 이끌었다.

로잘린드 프랭클린 Rosalind Franklin, 1920~1958
DNA 결정의 엑스선 회절 실험을 통해 DNA 구조 규명에 실질적으로 기여한 여성 화학자.

시아버지도 남편도 이루지 못한 꿈

결국 포기하게 될 줄 알았습니다.
하지만 제겐 기댈 수 있는 굳건한 탑이 있었죠. 바로 아내였습니다.
무한한 기지를 갖추었고 가장 현명한 조언을 할 수 있는 여인입니다.

– 워싱턴 로블링

뉴욕 맨해튼과 브루클린을 연결하는 브루클린 다리는 뉴욕에서 가장 아름다운 다리로 꼽힌다. 길이는 1,053미터로 개통 당시에는 세계 최장의 다리로 주목 받았다. 브루클린 다리는 최초로 강철 케이블을 사용한 현수교였으며, 지금도 뛰어난 조형미와 디자인으로 높은 평가를 받고 있다. 아름다운 다리의 모습은 수많은 영화와 드라마에 등장한다. 알 파치노가 주연한 영화 〈뜨거운 오후〉를 비롯해 〈원스 어폰 어 타임 인 아메리카〉〈킹콩〉 등에도 다리를 배경으로 한 장면이 나온다.

1869년에 공사를 시작해 1883년 개통한 브루클린 다리는 공사 기간만 15년이 걸렸다. 수많은 인부들이 목숨을 잃어 한때 '비운의 다리'로 불리기도 했다.

최초의 설계자인 존 로블링도 공사를 시작한 지 사흘 만에 발을 다쳤는데 2주 후에 파상풍으로 황망히 세상을 떠났다. 그의 아들 워싱턴 로블링 역시 교각 건설을 위해 잠함(방수 상자) 안에 들어간 채 강 깊은 곳에서 일하다가 잠수병으로 두통, 신경쇠약, 시력과 청력 저하 등의 증세를 겪었다. 결국 네 살배기 아이의 엄마였던 그의 아내가 바통을 이어 11년 만에 공사를 마무리 짓게 된다. 이렇게 우여곡절 끝에 완성된 브루클린 다리는 당시 현존하는 가장 긴 다리였다. 에밀리 워런 로블링은 미국 최초의 여성 토목 기사로 이름을 남겼고, 이들 가족을 기리는 기념비가 브루클린 다리 인근에 세워져 있다.

당시 여성은 대학에 가는 것은 물론이고 수학을 배우는 것조차 기대할 수 없던 시대였지만, 에밀리는 토목 공학계의 가장 위대한 업적 중 하나인 뉴욕 브루클린 다리의 건설을 지휘했다. 워싱턴은 오직 그의 아내만 만났고, 매일 그녀에게 현장의 토목 기사들과 일꾼들에게 전달할 내용을 지시했다.

뉴욕 주 의회 의원이었던 아버지 실바누스 워런과 어머니 피비 사이에서 태어난 에밀리는 열두 남매 중 열한 번째 아이였다. 10대에 워싱턴 DC의 조지타운 수녀 학교에서 수학과 과학을 공부했고, 이제는 응력(應力) 해석, 재료 역학, 케이블 건축 같은 것들을 빠르게 배워나가고 있었다. 이 프로젝트를 관리하고 다리 건설을 매일 감독하는 일 외에도 에밀리는 기록을 맡았고, 남편의 우편물에 답장을 보냈고, 사교 모임에 나가 남편을 대신했다. 병상에 누워 일을 할 수도 없고 아버지의 꿈이 실현되는 것을 보지 못하고 죽을까 봐 두려워하는 남편을 대신해 에밀리가 총대를 멘 것이다.

워싱턴은 잠수병에 걸린 후 이렇게 말했다. "결국 포기하게 될 줄 알았습니다. 하지만 내겐 기댈 수 있는 굳건한 탑이 있었죠. 제 아내였습니다. 무한한 기지를 가졌고, 가장 현명한 조언을 할 수 있는 여인입니다."

1882년 워싱턴을 책임자 자리에서 몰아내려는 움직임이 일자 에밀리는 전미 토목기사협회에서 연설까지 하며 남편의 자리를 무사히 지켜냈다. 당시는 여자가 대중 앞에 서서 연설하면 조롱받거나 무시당하던 시대였다. 하지만 에밀리는 그저 남편 뒤에 서 있는 여자가 아니었다. 그녀가 그의 대역으로 나서지 않았다면 워싱턴은 그 기념비적인 건축물의 완성을 보지 못했을 것이다.

1883년 5월 24일 다리가 개통되던 날, 에밀리는 첫 번째로 다리를 건너는 영예를 안았다. 그녀는 승리의 상징인 수탉을 안고 브루클린에서 맨해튼까지 마차를 타고 다리를 건넜다.

에밀리는 그 뒤로도 안주하지 않고 뉴욕 대학에서 법학 학위를 받기 위해 배움에 정진했다. 하지만 건강이 악화되어 1903년 2월 28일에 생을 마감했다. 에밀리의 남편은 그보다 오래 살다가 1926년에 아내의 뒤를 따랐다.

브루클린 다리 개통식 전에 열린 준공식에서 에이브러햄 S. 휴이트 의원은 에밀리의 공을 치사하며 이렇게 말했다.

"한 여인의 희생적 헌신, 그리고 오랜 세월 박탈당했던 수준 높은 교육에 대한 그 여인의 능력을 증명하는 영원한 기념비입니다."

그리고 이렇게 덧붙였다. 인간으로서 이룰 수 있는 모든 업적과 에밀리 워런 로블링 여사의 이름은 결코 떼어놓을 수 없을 것입니다."

워싱턴 로블링 Washington Roebling, 1837~1926
아버지 존 로블링이 설계한 브루클린 다리를 완성하는 데 온 힘을 쏟은 엔지니어. 1869년 착공하여 1883년에 개통했다.

에밀리 워런 로블링 Emily Warren Roebling, 1843~1903
다리 건설 중 잠수병에 걸린 남편을 대신해 개통까지 총지휘를 맡은 당찬 아내.

Part 2

영감의 원천

그들의 영감은 한 사람에게서 시작된다

Andy Warhol

....

어머니라는 이름의 뮤즈

일단 유명해져라.
그러면 사람들은 당신이 무엇을 해도 박수를 쳐줄 것이다.
－앤디 워홀

ANDY WARHOL

20세기 가장 유명한 예술가로 손꼽히는 앤디 워홀은 성홍열과 무도병을 앓으며 병약한 어린 시절을 보냈다. 이 때문에 앤디의 어머니는 아들이 아주 가벼운 증상만 보여도 학교에 보내지 않고 집에서 돌보았다. 그의 두 형들에 따르면, 앤디는 몸이 약한 것을 구실 삼아 어머니와 함께 집에 있는 일이 많았고, 어머니도 앤디를 돌보는 것을 좋아했다. 줄리아는 앤디의 침대를 부엌 한 귀퉁이에 두어 아들이 늘 보이는 곳에 있게 했다. 어머니의 부엌과 붙어 있는 이 병실은 앤디 워홀의 첫 번째 아트 스튜디오였다.

줄리아 워홀라는 1892년 11월 17일 체코슬로바키아 미코바에서 태어났다. 1909년에 온드레 워홀라와 결혼하고, 1921년에 미국으로 이주했다. 남편이 죽은 후 줄리아는 아들 셋을 혼자 키워야 했다. 텔레비전도 라디오도 없는 가난한 모자에게 예술은 유일한 탈출구였을 것이다. 그들은 피츠버그에서 이방인으로서 느끼는 외로움과 고독, 그리고 가난을 잊기 위해 끊임없이 예술 작품을 만들었다.

줄리아는 이렇게 말했다. "나는 그림을 그렸어요. 앤디도 어릴 때부터 그림 그리는 것을 좋아했고, 정말 잘 그렸죠." 앤디 워홀이 대중문화의 이미지를 작품으로 만든 것이나, 슈퍼맨, 배트맨 등 만화를 모티프로 한 작품들을 제작한 것도 어쩌면 어머니의 영향이 컸을 것이다. "아이에게 만화책을 사주었어요. 그리고 아주 잘 잘라냈죠. 그림들을 잘라내는 거예요. 아, 앤디는 만화책의 그림들을 정말 좋아했어요."

앤디 워홀 역시 어머니의 창작 능력을 매우 높이 평가하면서 어머니가 자신의 작품에 큰 영향을 미쳤다고 말한다. "어머니는 과일 통조림 통으로 깡통 꽃을 만들었어요. 내가 처음 통조림 깡통 작품을 만든 이유죠. 어머니는 정말 멋진 여자였고 훌륭한 예술가였어요."

20대 초반의 앤디는 직업적인 일러스트레이터가 되기 위해 집을 떠나 뉴욕으로 간다. 하지만 일자리를 찾지 못해 궁핍한 생활을 해야 했다. 어머니가 매일 그를 위해 기도하며 돈이 생길 때마다 1달러나 5달러 지폐를 동봉한 편지를 보내주었다. 1952년 봄, 줄리아는 아들과 함께 살기 위해 피츠버그를 떠난다. 이스트 75번가의 허름한 아파트에서 바닥에 매트리스만 깔고 잠을 자야 하는 생활이었지만 어머니가 살림을 도맡아주어 앤디는 부엌 식탁에서 작품 활동에 몰두할 수 있었다.

앤디가 상업적인 그림 작업을 활발히 하면서 모자는 공식적인 작업 파트너가 되었다. 그들에게는 당연하고도 자연스러운 조합이었다. 앤디는 어머니의 글씨체를 무척 좋아해서 자기 작품에 서명하는 것도 어머니에게 부탁할 정도였다. 신비로운 은색 가발을 쓰고 독특한 의상을 입은 앤디의 모습은 어머니를 연상시키기도 했다.

훗날 앤디 워홀의 상징적인 이미지가 된 캠벨 수프 캔에도 어머니의 기억이 얽혀 있다. 학교에 갔다가 집에 돌아오면 어머니가 캠벨 수프 통조림을 주곤 했던 것이다. 어느 날 어린 시절의 기억을 떠올린 앤디는 어머니에게 캠벨 수프 캔 32종을 모두 하나씩 사다달라고 부탁한다. 이렇게 해서 그의 유명한 그림 〈캠벨 수프 캔〉이 탄생했다. 미국의 비주얼 아이콘과 유명 인사들의 모습에 대한 앤디의 강박적인 묘사는 그와 어머니가 느낀 외국인 또는 이민자라는 껍질을 깨고자 하는 처절한 몸부림으로 해석되기도 한다.

앤디는 점차 예술계의 주목을 받기 시작했고, 상업적으로도 크게 성공하게 되었다. 하지만 모자 사이는 점점 벌어지기 시작했다. 앤디는 어머니와 떨어져 지내는 시간이 많아졌고, 머리에 할머니 스카프를 뒤집어쓰고 영어도 거의 못하는 어머니를 종종 곤혹스럽게 생각했다. 줄리아는 점점 외로움이 깊어갔고, 아들의 헤픈 씀씀이에 지쳐 피츠버그로 돌아갔다. 하지만 뉴욕으로 돌아오라는 아들의 간청에 마지못한 듯 돌아오면서 자신이 인정받지 못한 좌절감을 이렇게 소리치며 표현했다고 한다. "*내가* 바로 앤디 워홀이야!"

두 사람 사이에는 늘 팽팽한 긴장이 감돌았지만, 줄리아는 앤디의 작품에 여전히 영향을 주었다. 앤디 워홀은 한동안 영화 제작에 몰두했다. 줄리아는 아들의 영화에 출연하기도 했다. 한번은 앤디의 친구가 놀러왔다가 잘 주무셨냐고 인사하자 줄리아는 이렇게 대답했다. "아니! 밤새 앤디가 자는 모습을 바라보았어." 사랑이 가득한 이 시선은 앤디가 1963년에 만든 영화 〈잠〉에 고스란히 반영되었다. 무려 5시간 20분 동안 계속 잠자는 남자를 찍은 영화다.

1971년에 줄리아는 건강이 악화되어 피츠버그로 돌아갔다. 그리고 이듬해 11월 22일에 세상을 떠났다. 그녀가 아들 폴에게 마지막으로 남긴 말은 "앤디를 잘 돌보겠다고 약속해다오"였다. 어머니의 죽음을 도저히 받아들일 수 없었던 앤디 워홀은 장례식에 참석하지 않았고, 가장 가까운 동료들에게도 어머니의 죽음을 알리지 않았다.

앤디 워홀 Andy Warhol, 1928~1987
1960년대 팝아트의 대표 아이콘. 만화, 배우 사진 등 대중적 이미지를 실크스크린 판화기법으로 제작해 현대미술에 새로운 변화를 이끌었다. 대표작으로 〈캠벨 수프 캔〉 〈두 개의 마릴린〉 〈재키〉 〈마오〉 등이 있다.

줄리아 워홀라 Julia Warhola, 1892~1972
병약한 아들을 위해 평생 곁에서 간호했으며, 예술적 영감을 불러일으키는 데 공헌한 어머니.

"In losing Capel,
I lost everything."
— Coco Chanel

....

누구도 가질 수 없는 그녀

무미건조한 단조로움에 할애할 시간은 없다.
일할 시간과 사랑할 시간을 빼고 나면 다른 것을 할 시간이 없다.

– 코코 샤넬

영원히 '소년(Boy)'으로 불렸던 아서 에드워드 카펠. 하지만 코코 샤넬을 처음 만났을 때 그는 20대 후반의 신사이자 큰 부자였다. 해상 운송 무역상의 아들이었고, 폴로 경기로 돈을 벌기도 했기 때문이다. 카펠은 거물로 성장하는 과정에서 파리 상류층 인사들과 교류했는데, 그중에는 프랑스 직물상의 상속자이자 사교계 명사인 에티엔 발상도 있었다. 그들은 폴로 동료 선수로 만나 친구가 되었다.

코코 샤넬은 세상 물정에 밝고 지혜로웠으며 거침없는 여자였다. 카바레에서 노래하는 샤넬을 보고 반한 발상은 그녀를 데려다 정부로 삼았다(그녀의 별칭 코코(coco)는 정부 또는 요부라는 뜻의 코케트(coquette)에서 나온 것이다). 샤넬은 승마를 할 수 있는 목장과 사냥터를 갖춘 드넓은 사유지인 발상의 성에 살았지만 호화로움과 사치도 한때라는 것을 알았다. 어쨌든 그녀는 정부일 뿐이었고, 발상이 그녀를 원할 때까지 기다려야 했다.

카펠은 친구의 정부인 검은 머리의 샤넬을 만난 후 그녀에게 매혹되었다. 훗날 1차 세계대전이 일어나기 전의 그 시절을 샤넬은 이렇게 회고했다. "두 신사가 나의 작고 뜨거운 몸을 차지하려고 서로 더 높은 값을 불러댔죠." 둘 중 하나를 고르는 대신 샤넬은 두 남자를 다 가졌다. 카펠은 연인으로, 발상은 후원자로.

샤넬과 카펠은 나이 차가 많지 않았다. 그녀에게 카펠은 육체적 관계를 넘어 예술과 사업에 대한 영감을 주는 사람이었다. 그녀는 그의 외모, 스타일, 재능, 패션 감각까지 자기 것으로 만들기 시작했다. 종종 그의 셔츠, 재킷, 폴로 바지를 빌리기도 했다. 당시에 샤넬은 발상과 교류하던 여성들을 위해 모자 디자인을 시작했는데 주문하는 고객이 점점 늘어나 카펠은 그녀가 좀 더 나은 환경에서 일할 수 있도록 파리에 아파트를 마련해주었다. 나중에는 샤넬의 첫 번째 모자 가게를 열어주기도 했다.

독립적인 삶을 원했던 샤넬이 카펠의 청혼을 거절했다는 소문도 돌았다. 어쨌든 두 사람은 10여 년 동안 연인으로 지냈다. 샤넬의 곁에는 여전히 발상이란 남자가 있었고, 카펠의 곁에도 샤넬뿐 아니라 다른 여자들이 존재했다. 1918년에 카펠은 부유한 영국 귀족과 결혼하지만 샤넬은 그의 삶에 영원히 남아 머문다. 이듬해인 1919년, 카펠이 크리스마스를 샤넬과 함께 보내기 위해 롤스로이스를 타고 파리에서 칸으로 가던 중 타이어가 터지는 사고가 발생한다. 운전기사는 중상을 입고, 카펠은 사망한다.

샤넬은 슬픔에 잠겼다. 몇 년이 흐른 후 친구에게 이렇게 고백했다. "카펠을 잃고 나는 모든 것을 잃었어." 샤넬은 검은색 침대보를 주문했다. 온 세상이 그를 애도하라고 선언이라도 하듯 매일 검은 옷을, 마치 밤처럼 어둡고 짧은 길이의 드레스를 입었다. 그녀가 상복으로 입었던 검은색 드레스는 이후 샤넬의 시그니처 아이템인 '리틀 블랙 드레스'로 탄생했다.

샤넬이 리틀 블랙 드레스를 대중에게 처음 선보인 것은 1926년이 었다. 당시만 해도 여성의 옷차림에는 다양한 종류의 컬러가 홍수를 이뤘다. 그녀는 당시 상복을 상징해 모두 꺼렸던 블랙으로 완벽한 심플함과 고급스러움을 강조하며 여성 복식사에 혁신을 일으켰다. 미국 〈보그〉지는 리틀 블랙 드레스가 포드 자동차처럼 대량생산이 가능할 것이라 보고 '샤넬의 포드'라 칭송했다. 당시 미국에서 포드 자동차는 모던함의 절대적 상징이었다.

슬픔과 블랙은 성공 가도에 올라선 그녀의 커리어를 계속 따라다녔다. 샤넬은 그를 잊지 못했다. 조향사 어니스트 보에게 의뢰해 개발한 샤넬의 첫 번째 향수를 담은 병은 두 사람이 함께 여행을 다니던 시절, 카펠이 가지고 다니던, 모서리를 깎은 직사각형 화장품 병의 디자인에서 영감을 얻은 것이었다. 아니면 샤넬이 정말 아름답다고 감탄했던 카펠의 위스키 디켄터에서 영감을 얻었는지도 모른다. 병에 담을 향수로 샤넬은 행운을 빌며 보의 많은 원액 가운데 그녀가 가장 좋아하는 숫자인 5(No. 5)를 골랐다. 그리고 '여인의 향기가 나는, 여인의 향수'라고 일컬었다. 그 후로 샤넬은 정교하고 아름다

운 디자인의 향수병을 볼 때마다, 리틀 블랙 드레스의 소매 밑으로
드러난 손목에 향수를 뿌릴 때마다, 그 남자를 떠올렸으리라.

코코 샤넬 Coco Chanel, 1883~1971
20세기 여성 패션의 혁신을 선도한 패션 디자이너. 남성의 전유물이었던 '저지' 옷감을 여성 의상
에 도입해 유명세를 탔다. 카디건 스타일의 샤넬 슈트, 샤넬 No. 5, 검정 가죽 퀄팅 가방 역시 샤
넬을 대표하는 아이템이다.

아서 에드워드 카펠 Arthur Edward Capel, 1881~1919
샤넬의 유일한 사랑이자 그녀가 패션 디자이너로 성공할 수 있도록 물심양면으로 도움을 준 후원자.

Alan Turing

....

당신을 두뇌에 담았습니다

때로는 아무것도 아니라고 생각했던 사람이
누구도 생각하지 못했던 일을 해낸다.

– 영화 〈이미테이션 게임〉 중에서

ALAN TURING

1930년 영국에서 크리스토퍼 모컴이라는 10대 소년이 결핵으로 세상을 떠난다. 그의 죽음을 기억하는 이유는 그와 같은 학교에 다니던 어떤 소년이 그를 사랑했기 때문이다. 그 소년이 바로 앨런 튜링이다. 훗날 앨런은 컴퓨터의 토대를 만들고, 2차 세계대전 때 영국의 암호 해독 팀을 이끌며 연합군의 승리에 결정적 기여를 했고, 인공지능이라는 개념을 고안했다. 이중 한 가지 업적만으로도 역사에 이름이 길이 남을 만하리라.

크리스토퍼가 죽었을 때만 해도 앨런 튜링은 그저 사랑에 빠진 사춘기 소년에 불과했다.

그는 앨런보다 한 살 많지만 체구가 작고 약한 금발의 소년이었다. 반면 앨런은 사교성이 없고 지저분한 외모에 말을 더듬고 영어와 라틴어를 몹시 싫어했다. 또한 평생 맞춤법 때문에 고생한 이 괴짜 소년에게 크리스토퍼는 거의 유일한 친구였다. 앨런과 크리스토퍼는 함께 수학 문제를 풀기도 하며 친하게 지냈다. 이 우정에 대한 크리스토퍼의 생각은 알 길이 없지만, 앨런은 크리스토퍼가 다른 모든 사람들을 평범하게 만들어버린다고 적었다. 그는 늘 크리스토퍼 옆에 앉았고 음악에 전혀 관심이 없었는데도 단지 함께 있고 싶은 마음에 피아노 연주를 좋아하는 크리스토퍼를 따라 축음기 클럽과 음악 감상 모임에도 가입했다.

앨런은 자신의 감정에 대해선 한 번도 내비치지 않았지만 둘은 수학과 과학에 대해서 많은 이야기를 나누었다. 크리스토퍼는 앨런의 연구에 전에 없던 체계를 세워주기도 했다.

하지만 친구의 갑작스러운 죽음은 앨런에게 큰 충격을 주었고, 이 때문에 새로운 문제에 몰두하게 되었다. '인간의 두뇌를 기계에 넣어두는 방법이 없을까?' 그렇게 되면 수학을 잘했던 친구의 두뇌에 들어 있던 것도 그대로 옮겨질 텐데 말이다. 육체적 뇌가 죽었다고 해서 그의 눈부신 정신마저 사라지지는 않을 것이다. 이 문제는 소년의 필생의 과제가 되었고, 이후 인간의 의식을 이해하기 위해 생물학, 철학, 논리학을 가리지 않고 읽어댔다.

1936년에 발표한 획기적인 논문에서 앨런은 '보편적인 기계'에 대한 토대를 마련했다. 그전에도 컴퓨터를 사용한 기계가 있었지만 그것은 특정한 기능을 위해 만들어진 것이었다. 따라서 기계의 디자인이 곧 기계의 역할을 정의했다. 앨런이 생각한 것은 뭐든지 계산할 수 있는 기계였다. 기계의 역할은 그것이 만들어진 방식이 아니라 그 안에 입력하는 프로그램에 따라 달라지는 것이었다. 사실상 그 기계는 두뇌였고 소프트웨어는 정신이었으며, 이 두 가지를 분리하는 것은 앨런에게 중대한 돌파구를 마련해주었다. 이 이론적인 기계는 훗날 모든 컴퓨터의 견본이 되었으며 그가 컴퓨터의 고안에 기여한 정도는 스티브 잡스나 빌 게이츠의 업적보다도 크다.

2차 세계대전 때 나치는 매일 암호를 바꾸었다. 새 코드가 나올 때마다 해독하는 데 시간이 너무 오래 걸렸기 때문에 해독해봐야 무용지물이었다. "기계가 만드는 암호는 기계가 해결해야 한다"고 생각한 앨런은 암호 해독기 '폭탄(bombe)'을 만들었다. 기계를 만들자마자 암호 해독에 성공한 것은 아니지만 그의 집요한 연구 끝에 1943년에는 암호 해독을 한 시간 이내로 단축시키기에 이르렀다. 암호 해독 작전을 비밀리에 수행해온 영국 정부 때문에 앨런의 활약상은 외부에 알려지지 않았지만, 윈스턴 처칠은 연합군이 승리하는데 개인으로서 앨런만큼 크게 기여한 사람은 없다고 말했다.

전쟁 후 앨런의 관심은 인공지능에 집중되었다. 인간의 뇌와 비슷한 기능을 하는 기계를 만드는 것이 가능할까? 그 기계에 룰렛과 같은 무작위적 우연을 체계로 도입한다면 인간처럼 변덕스럽게 사고하는 것이 만들어질 수 있을까?

1950년에 앨런은 '인공 지능'이라는 새로운 과학을 확립하는 논문을 발표한다. 그는 "기계가 생각을 할 수 있을까?"라는 질문을 진지하게 던진 첫 번째 과학자였고, 인간의 뇌와 비슷한 기능을 가진 기계를 만들 수 있다는 생각을 처음으로 제시했다.

인공 지능에 대한 그의 생각은 크리스토퍼 모컴에 대한 애착에서 시작되었고, 세상을 바꾼 앨런 튜링의 업적에는 친구의 죽음에 대한 슬픔이 배어 있다.

앨런 튜링 Alan Turing, 1912~1954
영국의 컴퓨터 과학자이자 수학자. 프로그래밍이 가능한 가설적 기계 장치인 튜링 머신을 구상하여 오늘날 컴퓨터의 토대를 마련했다. 2차 세계대전 당시 암호 해독 기계를 만들어 영국의 승리를 이끌기도 했다.

크리스토퍼 모컴 Christopher Morcom, 1911?~1930
어린 시절 사교성이 없던 앨런의 유일한 친구.

Ralph Waldo Emerson

모범이 최고의 교육

행복이란 내 몸에 몇 방울 떨어뜨리면
다른 사람에게도 묻을 수 있는 향수 같은 것이다.

- 랠프 왈도 에머슨

윌리엄 목사는 어린 아들 랠프 왈도 에머슨에게 수영을 가르치려 했다. 하지만 그럴수록 아이는 물에 대한 공포를 느낄 뿐이었다. 그로부터 40년이 흐른 뒤에도 에머슨은 생생한 공포를 느끼며, "나를 바닷물에 억지로 들어가게 해서 치명적인 공포 속으로 몰아넣었다"고 회고했다. 1811년에 아버지가 세상을 떠났을 때 에머슨은 여덟 살이 채 안 되었지만 그의 기억 속에 유니테리언 목사였던 아버지는 늘 인색하고 엄격한 사람이었다.

하지만 그와 대조적으로 늘 따뜻한 기억으로 남은 사람이 있었다. 그의 고모 메리였다(랠프는 고모에게 보내는 편지에 Aunt Mary의 철자를 바꾼 애너그램으로 'Tnamurya'를 사용했을 만큼 그녀와 각별한 사이였다). 그녀는 에머슨이 초월주의적 문학과 철학의 태도를 갖는 데 영감을 주었다.

막내 고모는 예측 불가한 활력을 가진 여성이었다. 19세기 여성에게 요구했던 사회적 통념에 비추어보면 그녀는 특히 더 재능 있고 활기 넘치는 여성이었다. 물론 그 집안 남자들처럼 하버드 대학에 다닐 가능성은 아예 없었지만 말이다. 독학을 하고 독창적인 사고를 가진 메리 고모는 에머슨에게 선견지명이 있는 격려를 해주었고, 그것은 에머슨의 삶에 큰 영향을 주었다.

에머슨의 전기 작가 로버트 D. 리처드슨 주니어는 이렇게 밝혔다. "에머슨이 메리와 주고받은 서신들은 그가 서른 살을 훌쩍 넘길 때까지 그의 내적 성장과 발전을 엿볼 수 있는 유일한 지표다. 에머슨은 자신의 고모가 전성기 때는 '매사추세츠 최고의 작가'였다고 말했다. 그는 또 메리 고모가 '측량이 불가한 높은 기준'을 제시했고 '그가 받은 어떤 교육도 제공하지 못한' 것을 고모에게서 얻었다고 말했다."

오빠가 죽은 후 메리 무디 에머슨은 보스턴으로 건너와 혼자가 된 올케를 도와 다섯 아들을 돌보았다(리처드슨에 따르면 에머슨은 셋째였고 가장 철이 없었다). 그 가정에서 메리 고모는, 그녀의 전기 작가 필리스 콜의 비유에 따르면 '대리부'의 역할을 충실히 해냈다. 그녀는 아이들의 영적, 지적 생활을 인도했고, 전혀 강압적이지 않은 태도로 "도전하는 것을 두려워하지 말라"고 격려했다. 빅토리아 시대의 뉴잉글랜드에서 여성이 결혼을 하지 않고 어머니의 삶을 포기한 것은 매우 급진적인 일이었다(메리는 어떤 남자의 청혼을 거절하기도 했다).

그녀는 글을 쓸 때 표준 영어를 무시하긴 했지만―그녀는 자기만의 철자 표기 방식이 있었다―폭넓게 독서했다. 그녀의 독서는 뉴잉글랜드 청교도주의라는 기둥 위로 플라톤, 콜리지, 울스턴크래프트, 루소, 괴테를 망라했다.

에머슨이 1836년에 쓴《자연 *Nature*》에서 처음 선보인 초월주의 철학의 근간이 된 동양 신비주의에 관한 글들을 그에게 소개한 사람도 메리 고모였다. 그녀는 점점 확장되던 에머슨의 정신 위로 우뚝 솟았다. 하버드 대학에서 에머슨을 가르쳤던 그 어떤 교수도 그에 미치지 못했다.

열성적으로 일기를 썼던 그녀는 50년 동안 자신만의 '연감'이나 종교 일기에 믿음, 회의, 독서, 매일의 일을 기록했다. 그리고 10대였던 에머슨에게도 일기를 쓰라고 권했다. 이 일은 또 에머슨이 제자인 헨리 데이비드 소로에게《월든 *Walden*》을 쓰게 하는 영감을 주었다. 심지어 소로가 자연을 통해서 신과 개인적이고 직접적인 관계를 맺을 수 있다고 하며 직관을 강조한 것도 에머슨의 고모에게서 그 기원을 찾을 수 있다.

1804년과 1805년에 메리의 오빠가 〈월간 문집〉의 편집을 맡았을 때 메리는 '신앙의 삶에서 상상력의 중요성에 대한 글과 자연사와 자연 신학의 관계에 대한 글'을 기고했다고 리처드슨은 전한다. 에머슨은 고모가 쓴 글을 읽고 얼마나 감동했는지 900쪽에 달하는 미출간 원고를 손으로 베껴 쓰고 색인을 달기도 했다.

1863년 메리가 죽기 전 몇 해 동안 신학에 관한 의견 차이로 고모와 조카 사이가 벌어지긴 했지만 랠프 왈도 에머슨에게 메리의 영향력은 영구적이었다. 마치 물이 바위를 깎아나가듯 그녀는 조금씩 서서히 그의 사고를 형성했던 것이다. 이들은 개성, 모험, 자유에 대한 열정에서 서로가 서로에게 속하는 사람이었다.

랠프 왈도 에머슨 Ralph Waldo Emerson, 1803~1882
미국의 사상가. 1829년 유니테리언파 보스턴 제2교회 목사가 되었으나 몇 년 후 사임하였다. 이후 토머스 칼라일, 밀, 콜리지, 워즈워드 등 당대 문호와 친분을 맺으며 미국 초월주의 철학 사조를 발전시켰다. 저서로는 《자연》《스스로 행복한 사람》등이 있다.

메리 무디 에머슨 Mary Moody Emerson, 1774~1863
어린 시절 에머슨의 사상을 정립시키는 데 큰 영향을 끼친 고모.

일중독자도 인정한 천재 직원

과거는 흘러갔고 어쩔 수 없는 거야, 그렇지?
세상이 널 힘들게 할 땐 신경 끄고 사는 게 상책이야.

– 영화 〈라이언 킹〉 중에서

WALT DISNEY

멜빵바지를 입은 워드 킴벌은 파란색과 흰색 줄무늬 기관사 모자를 쓰고 빨간 손수건을 목에 두르고 있었다. 그는 마지막으로 한 번 더 외쳤다. "모두 승차해주세요!" 그리고 승객들에게 엄중히 경고했다. "기차가 움직이는 동안 창문을 통해 버펄로, 프레리도그, 아이들, 혹은 다른 야생 동물을 쏘면 안 됩니다." 22톤짜리 협궤열차 엠마 네바다는 그리즐리플래츠 역에서 증기를 잔뜩 내뿜으며 출발했다.

기차는 풍차를 지나고, 급수탑을 지나고, 노란색 빅토리아풍의 기차역을 지났다. 그 여정은 시작부터 끝까지 딱 60초가 걸렸다. 킴벌의 기찻길은 그의 집 뒷마당에 있는 기관고에서 앞마당까지 200미터에 불과했기 때문이다.

킴벌은 미국 최초로 개인 소유 기차를 운행한 사람으로 기록되었다. 뒷마당 기찻길에 자리잡은 실물 크기의 기차였다. 1938년에 충동적으로 기차를 구입한 그는 기차가 작동하게끔 복구하는 데 5년을 보냈다. 한번 운행을 하고 나면 승무원이 기차를 시작 지점으로 되돌려놓은 다음 다시 출발해야 했다. 증기가 올라가는 시간 내내 그렇게 하면 열두 번은 왔다 갔다 해야 했다.

킴벌의 기차를 타보기 위해 각지에서 방문객들이 모여들었다. 이 기차에 열광했던 방문객 중에는 월트 디즈니도 있었다. 킴벌은 월트 디즈니 사의 애니메이터였고, 디즈니 스튜디오에서 최고로 손꼽히는 인물이었다. 자그마한 지미 크리켓(만화 영화 〈피노키오〉에 등장하는 귀뚜라미 지미-옮긴이), 〈덤보〉에 나오는 마냥 낙천적인 다섯 마리의 까마귀, 〈신데렐라〉의 못된 고양이 루시퍼, 〈이상한 나라의 앨리스〉에 나오는 체셔고양이와 모자 장수가 바로 그의 연필 끝에서 탄생했다.

킴벌 자체가 하나의 캐릭터였다. 그는 소문난 기차광이었다. 기관사 복장을 입고 있지 않을 때는 현란한 색상에 줄무늬와 땡땡이가 섞인 과감한 디자인의 옷을 입었다. 어떤 날은 고릴라 코스튬을 입고 회사 복도를 뛰어다니며 동료들을 질겁하게 하는 스튜디오의 장난꾸러기였다. 디즈니는 그와 같은 사람은 다시없었기에 그의 유별난 행동을 다 받아주었다. 디즈니에 따르면 "나와 일하는 친구들 중에 내가 천재라고 부르는 유일한 사람"이 바로 킴벌이었다. 그의 아티스트에게 공개적으로 이런 칭찬을 한 것은 킴벌이 처음이자 마지막이었다.

디즈니는 일중독자였고, 일도 잘하고 놀기도 잘하는 킴벌을 인정했다. 따라서 그의 기차 사랑이 상사에게 옮아가는 것은 당연한 결과였다. 처음에 월트 디즈니는 장난감 기차를 수집하기 시작했다.

그러더니 자기 집 뒷마당에도 증기기차가 다니는 모형 철로를 만들었다. 킴벌은 주말이면 상사의 집으로 가서 살바도르 달리 같은 유명 인사들을 위해 기차의 운행 준비를 도왔다.

1948년, 월트 디즈니는 테마 파크 조성을 진지하게 고려하기 시작했다. 그가 처음 생각한 '디즈니 마을'은 자신의 버뱅크 영화 스튜디오 건물 옆에 적당한 규모의 가족 놀이 시설을 갖추는 것이었다. 그리고 기차가 그곳의 명물이 되길 원했다.

테마 파크를 개발하는 동안, 킴벌은 기차에 관한 모든 것에 대해 비공식적인 조언가가 되었다. 1948년에는 일주일 동안 휴가를 내어 함께 시카고 철도박람회에 참가했다. 로스앤젤레스에서 시카고까지 가는 데 산타페 사의 슈퍼 치프(미국 최초로 디젤 동력, 침대칸을 갖춘 유명한 기차 – 옮긴이)를 탔음은 물론이다.

철도박람회에서 돌아온 월트 디즈니는 스튜디오 제작 디자이너에게 기차역이 있는 놀이공원 기획안을 건넸다. 이 기획안이 디즈니랜드의 원형이다. 디즈니랜드가 개장한 1955년, 협궤열차가 공원 안을 누비고 다녔다.

기차의 종류, 기차역의 디자인, 안내원의 방송 문구에 킴벌의 아이디어가 반영되었다. 자유와 해방의 궁극적 상징들과 월트 디즈니의 상상력에서 나온 다양한 테마 시설들을 하나로 통합시킨 것이 디즈니랜드의 기차였다. 기차라는 영감, 그 최초의 불꽃은 자기 집 뒷마당에 그만의 '환상의 나라'를 건설했던 디즈니의 '천재' 직원으로부터 시작되었다.

Giuseppe Verdi

아름다운 사랑은 눈물의 열병으로

완벽은 항상 나를 비껴갔다.
하지만 나는 한 번도 완벽을 포기하지 않았다.

– 주세페 베르디

〈라트라비아타〉는 주세페 베르디의 가장 사랑받는 오페라다. 창녀인 여주인공 비올레타는 귀족 청년과 사귀지만 끝내 신분의 한계를 극복하지 못하고 헤어진 뒤 결핵으로 죽는다. 비올레타의 가장 유명한 아리아 '셈프레 리베라'(언제까지나 자유롭게)는 사회적 인습을 벗어난 자유를 노래한 곡으로, 호사가들은 베르디가 아내에게 바친 곡이 아니었을까 하고 늘 궁금하게 여겨왔다.

베르디의 아내 주세피나 스트레포니는 은퇴한 소프라노 가수였다. 베르디의 〈라트라비아타〉는 알렉상드르 뒤마 아들의 소설 《동백꽃 아가씨*La Dame aux Camélias*》를 소재로 하여 작곡한 오페라다. 스트레포니와 함께 파리에서 이 연극을 보고 나서 만들었다고 한다.

그러나 사실 스트레포니의 삶이야말로 기가 막힌 한 편의 오페라 같다. 나라면 제1막, 그녀의 초년 시절에 집중하겠다(만약 내가 이 오페라를 쓰라고 고용되었다면 말이다). 스트레포니는 작곡가의 딸로 태어나 열다섯 살에 밀라노의 음악원에 입학했다. 당대의 가장 빼어난 오페라 가수가 된 그녀는 벨리니와 도니제티의 작품에 출연해 열연했다.

베르디의 전기 작가 존 로셀리에 따르면 당시 이탈리아의 오페라 극장들은 오늘날 할리우드의 영화 제작사들만큼이나 새로운 콘텐츠를 탐욕스레 갈구했다고 한다. 이런 모든 상황이, 소녀 가장이 된 스트레포니를 당시에 보기 드문, 독립적인 여자로 만들었다. 그녀는 일주일에 여섯 번이나 공연하는 죽음의 스케줄을 소화해내며 어머니와 형제자매를 부양했다. 하지만 그렇게 자기 몸을 혹사한 결과 겨우 서른 살의 나이에 아름다운 목소리를 잃게 된다. 아, 또 한 가지! 스트레포니는 꽤 여러 번 비밀리에 임신을 했다. 당시 오페라 배우들은 경제적으로는 중산층의 부러움을 샀지만 상류층의 정부가 되는 일이 많았다. 그야말로 '셈프레 리베라'(언제까지나 자유롭게)로 살아간 것이다. 오페라 단장 카밀로 시렐리와 (필시) 동료 가수와의 로맨스의 결과 세 번이나 출산(그리고 미심쩍은 한 번의 사산)을 하게 되지만, 다행히도 당시는 극성스러운 파파라치들이 활동하기 전이었다. 아기들은 모두 입양되거나 고아원으로 보내졌고, 그 후 단 한 번도 만나지 못한 것으로 전해진다.

제2막. 그녀는 진정한 사랑, 베르디의 아이를 가질 수 없다는 사실에 몹시 괴로워한다. 베르디는 두 번째 작품이 폭삭 망하고, 아이와 아내마저 잃은 후 우울한 나날을 보내고 있었다. 다시는 작품을 쓰지 않겠다고 맹세할 정도로 작품에 대한 의욕을 잃은 상태였다. 이때 그의 뮤즈로 등장한 사람이 스트레포니였다. 스트레포니는 가난한 젊은 작곡가의 히브리 노예에 관한 오페라 〈나부코〉의 프리마돈나로 출연하기로 결정함으로써 그 작곡가의 경력에 중요한 역할을 하게 된다. 스트레포니의 스타 파워가 라스칼라 극장을 운영하던 바르톨로메오 메렐리의 마음을 돌렸고, 다시 작곡을 하게 된 베르디는 깊은 슬럼프에서 빠져나와 재기에 성공하게 된다. 하지만 베르디와 스트레포니의 로맨스는 그 후로도 몇 년 동안 시작되지 않았고, 무대에서 은퇴한 스트레포니는 파리로 건너간다.

두 사람은 결국 '기쁨의 잔을 함께 마신다.' (〈라트라비아타〉의 아리아, '축배의 노래'를 인용하자면) 스트레포니는 그녀의 '사랑하는 마법사'인 베르디를 오롯이 숭배한다. 그녀는 그의 작품과 멜로디를 부르고 (비평하기도 하며)—베르디의 〈예루살렘의 사랑〉의 듀엣 육필 악보에는 베르디와 그녀의 손 글씨가 번갈아 등장한다—지금 당장 가져다 오페라의 가사로 써도 손색없는 아름다운 편지글을 남기게 된다. 상트페테르부르크로 떠나기 전의 편지를 살짝 예로 들어보자. '얼음과 모피 사이에서 그(베르디)의 기분을 좋게 유지하려면 아무래도 완벽한 탈리아텔레(리본 모양의 기다란 파스타-옮긴이)와 마카로니가 필요할 것 같아.'

제3막. 어쩌나, 이제 비극이 등장할 때다. 고향을 그리던 베르디는 파르마에 위치한 작은 마을인 뷔세토의 본가로 돌아가겠다고 고집을 부린다. 스트레포니는 그곳을 싫어했고, 그 마을 사람들 역시 그녀를 대놓고 멸시한다. 두 사람은 결혼하지 않고 동거하는 상태였기 때문이다. 베르디가 고향을 떠난 뒤에도 그녀는 그곳에 홀로 남는다. 그사이에 유명해진 베르디는 전 세계를 돌아다니고, 끝내는 독일의 젊은 소프라노, 아이다 역할의 테레사 스톨츠와 염문을 뿌린다. 타블로이드 신문들이 이런 먹잇감을 놓치지 않았음은 물론이다. 그러나 스트레포니는 여든두 살로 생을 마감할 때까지 남편의 곁을 지킨다. 심지어 세 사람이 함께 여행을 다니기도 했다고 한다! 베르디는 그 뒤로 4년을 더 산다.

다시 생각해보니, 어쩌면 내가 오페라를 작곡한다면 스트레포니 역을 맡은 배우는 마지막 순간까지 아름다운 목소리를 간직해도 좋을 것 같다.

주세페 베르디 Giuseppe Verdi, 1813~1901
이탈리아 오페라 작곡가. 라스칼라 극장에서 〈산 보니파치오의 오베르토〉로 데뷔했으나 성공을 거두진 못했다. 이후 〈나부코〉로 인기를 얻기 시작했으며 〈리골레토〉 〈일 트로바토레〉 〈라트라비아타〉 〈아이다〉 등을 발표했다. 국회의원으로 활동하기도 했다.

주세피나 스트레포니 Giuseppina Strepponi, 1815~1897
이탈리아를 대표하는 소프라노 가수이자 베르디의 가능성을 일찌감치 알아본 뮤즈.

Le Corbusier

....

위대한 건축가가 사랑한 집

우리 삶의 가장 큰 보물상자는 가정이어야 한다.

– 르 코르뷔지에

1938년에 찍힌 유명한 사진 속에서, 현대 건축의 거장은 그의 트레이드마크인 검은 테 안경만 쓴 채 나체로 물감을 젓고 있다. 지켜보는 사람을 향해 얼굴을 돌린 그의 벗은 몸은 오른쪽 허벅지를 감아 돌고 있는 섬뜩한 흉터 말고는 특별할 게 없다. 이 남자, 스위스에서 태어나 프랑스에서 활동한 위대한 건축가 르 코르뷔지에는 지중해 외딴 절벽에 지어진 집에서 훗날 〈카프마르탱의 낙서〉라 이름 붙인 여덟 점의 벽화 중 하나를 그리고 있다. 그가 그림을 그리고 있는 그 집은 혁신적인 가구 디자이너 에일린 그레이의 별장이었다. 이름은 E.1027. 르 코르뷔지에가 처음 이 집을 보고 보낸 찬사는 갈수록 병적인 집착으로 변해가고 있었다.

1926년에서 1929년 사이 에일린 그레이는 애인인 루마니아 건축가이자 비평가인 장 바도비치와 함께 여름 휴가를 보내기 위해 이 집을 지었다. 마치 외부인의 접근을 완강히 거부하는 듯 그 집은 외부에서 관찰하기 어려웠고, 암호 같은 그 집의 이름도 그런 느낌을 더했다. 그레이는 사생활을 보호하기 위해 거주자 이름의 이니셜을 따서 지었다. E는 에일린(Eileen), 10은 장(Jean: J는 알파벳의 열 번째

글자), 2는 B(바도비치-Badovici), 7은 G(그레이-gray)다.

1878년 아일랜드에서 태어난 그레이는 1902년에 파리로 건너가 모더니즘 가구와 인테리어 디자이너가 된다. 래커, 튜브 형태의 철, 알루미늄, 유리 등을 다루는 솜씨가 뛰어난 그녀는 가구 디자인 분야에서 독보적인 존재가 되었다. 독립적이고 내성적인 성격의 그녀는 양성애자였고, 남성의 전문 영역에서 활동하면서 힘겨울 때면 종종 파리의 레즈비언들에게서 위안을 찾았다.

20세기의 놀라운 건축물로 인정받고 있는 E.1027은 에일린 그레이의 첫 번째 건축 프로젝트였고, 그녀가 평생 완성한 단 세 채의 집 중 하나다. 그녀는 발품을 팔아 외딴 고지대를 찾아 돌아다녔고, 그 땅을 완벽하게 분석하기 전에는 돌 하나 섣불리 얹지 않았다.

1938년 바도비치와 E.1027을 방문한 르 코르뷔지에는 그 집을 본 순간 곧바로 매료되었다. 그는 그레이에게 보내는 편지에 이렇게 썼다. '당신 집에서 며칠을 보내는 동안 건축물의 안과 밖에 모두 영향을 준 보기 드문 정신의 진가를 느낄 수 있었습니다. 이렇게 말할 수 있어서 얼마나 기쁜지 모릅니다.'

사실 그 집은 르 코르뷔지에의 건축 원칙이 잘 반영되어 있었다. 필로티, 수평 창, 평평한 지붕, 개방적인 내부 공간(파리 외곽에 위치한 르 코르뷔지에의 상징적인 빌라 사보아와 매우 비슷하다) 등이 그렇다. 그러면서도 르 코르뷔지에의 표준화된, 때로는 몰개성적인 디자인적 접근이나 집은 '인간의 거주를 위한 기계'라는 건축 철학에 맹목적으로 동조하지는 않았다. 르 코르뷔지에가 순수 건축의 미학을 신봉한 데 비해 그레이는 좀 더 감성적인 접근을 선호했다. 좋은 장소, 개인적 욕구, 거주자의 바람도 중요하다고 여겼다.

"여러 개의 아름다운 선을 단순하게 구성하는 문제가 아니다. 무엇보다도 중요한 사실은 사람들이 그 안에 산다는 것이다"라는 그레이의 절묘한 평론은 르 코르뷔지에의 마음을 사로잡았다. 그는 그해 E.1027로 다시 돌아와 그 조용한 벽에 요란하고 성적으로 노골적인 벽화 여덟 점을 그렸다. (바도비치의 허락을 받았다고는 하나) 그 집 벽을 온통 벽화가 점령한 것을 보고 그레이는 충격을 받았다. 자신의 작품과 성 정체성이 모욕당했다고 느낀 그녀는 다시 그 집에 돌아오지 않았다.

반면 르 코르뷔지에는 그 집에 대한 집착이 깊어만 갔다. 그는 바도비치를 만나러 자주 그 집을 찾았고, 2차 세계대전 때 벽화가 훼손되자 보수를 위해 다시 찾아가기도 했다. 그러다가 1948년 즈음에 그곳에서 내쫓겼다. 그런데도 그는 굴하지 않고 근처에 조그마한 통나무집을 짓고 E.1027 쪽으로 창을 냈다.

그 후 18년 동안 르 코르뷔지에는 그곳에서 여름을 보냈다. 표현주의적이고 조소적(彫塑的)인 롱샹의 노트르담 교회, 벽돌과 돌로 간소하게 지은 자울 주택 등이 그곳에서 설계되었다. 이 두 프로젝트

모두 실용주의를 추구했던 그의 초기 작품들에서 과감하게 벗어났다는 평가를 받고 있다. 르 코르뷔지에는 배반에 가까운 스타일의 변화나 감각적인 시도에 대해 한 번도 설명한 적이 없지만, 그레이와 E.1027에서 받은 영향을 과소평가할 수 없다. 1965년에 죽기 전까지 그는 '바닷가의 집(E.1027)' 주변의 땅을 이런저런 형태로 거의 다 잠식했고, 언제부터인가는 그 집을 지은 건축가가 르 코르뷔지에라고 아는 사람들도 제법 많았다. 어느 8월 말 아침, 르 코르뷔지에는 절대 수영해서는 안 된다는 의사의 경고를 무시하고 그 집 아래의 푸른 바다로 뛰어들었다. 그렇게 그는 한순간에 사라졌다. 사인은 심장마비였다. 그와 함께 E.1027에 대한 집착도 끝났다.

에일린 그레이는 1976년 파리의 아파트에서 아흔여덟 살에 평화롭게 눈을 감았다. 그러나 E.1027의 운명은 아직 끝나지 않았다. 수년 동안 방치되었던 그 집은 이제 역사적인 건축물이 되어 복원 작업이 진행되고 있다.

르 코르뷔지에 Le Corbusier, 1887~1965
스위스계 프랑스인 건축가로 근대 건축의 3대 거장 중 한 사람. 사보아 저택, 제네바 국제연맹본부 계획안, 스위스 학생회관, 알제리 도시계획, 롱샹 순례자 교회당 등이 대표작이다.

에일린 그레이 Eileen Gray, 1878~1976
아르데코의 선구자. 모더니즘 가구와 건축 분야에서 독자적 위치를 차지한 건축가이자 디자이너.

John Wayne

....

카우보이, 진짜 카우보이를 만나다

내일은 우리가 어제로부터 무엇인가 배웠기를 바란다.

– 존 웨인

미국 서부영화의 대명사 존 웨인. 본명은 매리언 미첼 모리슨이었고, 소년 시절 내내 함께한 애완견 '듀크' 덕에 그의 별명도 듀크가 되었다. 그는 대학에서 장학금을 받고 미식축구 선수가 되었으나 부상으로 미식축구 선수를 그만두게 되자 할리우드로 가서 영화 촬영장에서 소품 나르는 일을 했다. 듀크는 영화에 문외한이었고, 카우보이에 대해서는 더더욱 몰랐다. 그의 무기는 세 가지였다. 잘생겼고, 노력파이며, 야키마 캐넛을 친구로 두었다는 것이다.

야키마는 서부에서 목장주의 아들로 태어났다. 그는 말에 관해서라면 모르는 게 없는 전문가였기에 영화인들에게 뭔가 가르칠 수 있겠다고 생각했다. 그래서 초창기 영화 스튜디오에 진짜 카우보이의 면모를 전수했다. 근엄한 걸음걸이, 총을 가만히 내려다보는 법, 그리고 참나무보다 나직하게 말하는 법을.

듀크는 단역을 맡아 카메라 앞에 서기 시작했다. 처음에는 미식축구 영화, 그다음에는 저예산 서부영화에 출연했다. 야키마도 듀크와 비슷하게 액션 장면에 출연하였고, 점점 고난도의 스턴트를 고안해냈다. 1932년 야키마가 듀크를 처음 만났을 때 그는 스턴트맨만큼이나 거친 배우의 모습을 발견했다. 야키마는 그에게 카우보이처럼 말 타는 법과 로데오 스타처럼 말에서 떨어지는 법을 가르쳤다. 살살 눈속임하는 법이 없는, 지나칠 정도로 진지했던 두 남자는 점점 더 거칠고 진짜 같은 격투 장면을 선보였다. 영화 팬들은 예전에는 한 번도 본 적 없는 구경거리에 열광적인 반응을 보였다.

듀크는 카우보이의 순수한 전형을 간직한 야키마의 걸음걸이와 말씨, 몸짓을 연구한 끝에 서부영화의 상징적인 영웅, 존 웨인을 탄생시켰다. 듀크는 반세기 동안 그 예명으로 170편이 넘는 영화에 출연했고, 이제껏 영화에서는 볼 수 없던 인물을 연기했다. 존 웨인은 그가 연기한 카우보이 영웅이었을 뿐만 아니라 새로운 캐릭터였다.

존 웨인은 소탈한 대화와 위스키를 좋아하는 털털한 남자였다. 그는 정의와 명예를 신봉했지만, 만약 누군가가 의자 하나를 들고 다가오면 테이블을 들고 나타나는 마음 넉넉한 사람이기도 했다. 미국인에게 서부의 가능성을 보여주었고, 홀로 말을 타고 가는 남자의 순수한 자유를 보여주기도 했다. 그는 듀크라는 이름으로 통했지만, 자신만만한 몸짓은 야키마의 것이었다.

존 웨인 John Wayne, 1907~1979
할리우드 영화배우. 단역으로 활동하던 중 영화감독 존 포드의 눈에 띄어 그가 연출한 많은 작품에 출연하였다. 대표작으로 〈역마차〉 〈서부 개척사〉 〈지상 최대의 작전〉 등이 있다.

야키마 캐넛 Yakima Canutt, 1895~1986
존 웨인보다 더 존 웨인 같다는 평가를 받은 서부영화의 대표적인 스턴트맨.

Maurice Sendak

형제는 용감했다

삶에서는 전부를 가져도 꼭 그 외의 것이 존재한다.

– 모리스 샌닥

MAURICE SENDAK

나는 지금 코에 관한 책을 쓰고 있다. 긴 시가 될 것 같다. 나는 코를 사랑한다. 나는 코에 열정이 있다. 이런 감정은 어린 시절 형과 한 침대를 같이 썼기 때문에 생겨났다. 사생활이란 게 없었다. 게다가 침대에는 빈대도 있었다. 나를 보호하기 위해서 형은 이렇게 말했다. "내 위에 올라와 누워." 나는 말했다. "그럼 내가 떨어지잖아?" 그러자 형이 말했다. "아니, 네 이빨로 내 코를 꽉 물어. 그럼 안 떨어질 거야." 나는 왼쪽으로도 떨어지지 않았고, 오른쪽으로도 떨어지지 않았다. 빈대도 나를 물지 못했다. 대신 형을 물었다. 아마도 그때부터 코에 대한 나의 사랑이 시작되었을 것이다. 형의 코는 정말 대단했다!

작가 모리스 샌닥과 그의 형 잭은 불안정한 가정환경 때문에 더 친밀한 형제애를 나누었다. 그의 부모는 폴란드 바르샤바에서 미국으로 건너온 유대인계 이민자였다. 세 아이 중 막내였던 모리스는 뉴욕 브루클린, 벤슨허스트 집의 식탁 위에서 태어났다. 툭하면 돈이 없어 너를 못 키우겠다고 말하는 부모와 살면서 어린 모리스는 밀실 공포증을 앓았다. 그의 부모에게 성공이란 의사나 변호사가 되는 것이었지만, 이는 자식들이 꿈꾸던 미래와는 완전히 동떨어진 것이었다. 모리스를 외로움과 슬픔으로부터 구해준 것은 형 잭이었다. 훗날 그는 테리 그로스와의 인터뷰에서 밝혔다.

"내겐 형이 있습니다. 나의 구세주이자, 나의 어린 시절을 그나마 견디게 해준 사람은 나보다 다섯 살 많은 형 잭이었어요. 형은 아주, 아주, 아주 재능이 많았어요. 무엇보다 형은 내 인생을 구해준 은인이에요. 형은 나와 부모님 사이에 존재하는 몰이해라는 강에서 나를 건져주었어요. 시간이 날 때마다 나와 그림을 그렸고, 책을 읽어주었고, 제법 환상적인 삶을 살게 해줬어요."

잭이 모리스를 데리고 영화를 보러 갔다 오면, 모리스는 동네 꼬마들에게 매주 본 영화를 종종 각색을 곁들여 얘기해줌으로써 추종자 군단을 형성했다. 모리스가 겨우 여섯 살이었을 때 그는 잭과 합작해서 《절대로 떼어놓을 수 없는 사이*They Were Inseparable*》라는 그림책을 만들었다. "서로를 동경하는 남매에 관한 이야기인데, 정말 순진무구하고 재미있는 책이었다"라고 모리스는 회고했다.

형의 응원을 받으며 모리스는 집에서 손수 작은 책들을 만들었다. 모리스가 열여섯 살이 되었을 때 잭은 군에 입대해 필리핀으로 떠났다가 1년 만에 돌아와 컬러텔레비전을 만드는 새로운 산업 분야에서 일자리를 찾았다.

　1948년 여전히 부모님과 함께 살던 형제는 목재 장난감을 만들기 시작했다. 보다 못한 아버지는 형제를 집에서 내쫓아버렸다. 집에서 쫓겨난 사건에 대해 모리스는 이렇게 회상했다. "다 큰 아들 둘이 장난감을 만드는 모습이 얼마나 한심해 보였겠어요? 정말 너무하긴 했죠."

　모리스는 만화 〈머트와 제프〉의 배경을 그리는 일을 하다가 FAO 슈워츠라는 대형 장난감 상점 쇼윈도의 소품 만드는 일을 시작했다. 이후 일러스트레이터로 이름을 알리기 시작했다. 1956년 잭과 모리스는 함께 《행복한 비_The Happy Rain_》라는 그림책을 냈다.

　몇 년의 세월이 흘러 형제는 가는 길이 달랐고, 사이가 소원해졌다. 모리스는 계속해서 《괴물들이 사는 나라_Where the Wild Things Are_》《깊은 밤 부엌에서_In the Night Kitchen_》라는 책을 쓰고 그림을 그렸지만 인터뷰에서는 언제나 자신은 대단한 작가가 못 된다고, 자신보다 진짜 재능 있는 사람은 형 잭이라고 말했다. 잭은 어린이를 위한 책을 여러 권 출판했고, 초현실적인 이야기로 좋은 평가를 받았다. 그리고 1995년 세상을 떠나기 전까지 우체국에서 일했다.

　그 후로 오랫동안 모리스는 형의 부재를 힘겨워했다. 그리고 그의 영감의 원천이었던 형에 대한 책을 쓰고 싶다는 소망을 품었다. 샌닥의 마지막 책 《나의 형 이야기_My Brother's Book_》는 별이 날아와 지구와 충돌하는 통에 헤어지게 된 잭과 가이라는 형제의 이야기다. 이 이야기에서 잭은 얼음 대륙으로 날아가 얼음 속에 파묻히고, 가이는 땅 위로 튀어나와 있는 잭의 코를 발견한다.

'가이는 베일처럼 드리워진 꽃들 아래 깊이 묻힌 잭의 코와 뿌리가 된 발가락을 보았어요. 그리고 진짜 형인지 확인하려고 그 코를 꽉 물었어요. 끝난 줄 알았는데 나는 살아났구나. 잭은 한숨을 쉬었어요. 그리고 그의 팔은 나뭇가지처럼 뻗어 나와 마음이 고결한 동생을 감싸 안았어요. 자기 자신보다 더 사랑했던 그 동생을. 이제 잭은 동생의 팔에 안겨 편안히 잠들었어요. 그리고 가이는 속삭였어요.

잘 자, 이제 형은 내 꿈을 꿀 거야.'

모리스 샌닥 Maurice Sendak, 1928~2012
미국에서 가장 유명한 그림책 작가. 3부작 《깊은 밤 부엌에서》《괴물들이 사는 나라》《저 너머에는》으로 세계적인 명성을 쌓았다. 칼데콧상 수상자이기도 하다.

잭 샌닥 Jack Sendak, 1923~1995
동생이 그림책 작가로 성장하기까지 어린 시절부터 격려를 아끼지 않은 형.

Vladimir Lenin

형만한 아우도 있다

청년들에게 가장 중요한 과제는 배움이다.
배워라, 배워라, 또 배워라.
- 블라디미르 레닌

VLADIMIR LENIN

강철 같은 의지의 한 남자가 아니었다면 오늘날의 세계는 지금과 무척 다른 곳이 되었을지도 모른다. 그 남자의 이름은 블라디미르 울리아노프, 세상에는 필명, '레닌'으로 잘 알려진 사내다. 러시아 혁명 운동의 격랑 한가운데 레닌이 있다. 1917년, 그는 봉기를 일으킨 오합지졸 노동자들을 일사불란한 군대로 조직해 몇백 년 동안 이어진 러시아 군주제를 뒤엎고 세계 최초의 사회주의 국가, 소비에트연방을 탄생시켰다.

소비에트 혁명은 가난하고 못 배운 사람들에게 목소리를 부여함으로써 힘을 얻었다. "소작농들에게 땅을! 노동자들에게 공장을!"이란 구호는 혜택 받지 못한 자들이 유혈 내전을 견디며 투쟁할 수 있도록 이끌었다. 이 혁명의 목적은 구체제를 무너뜨리고 그 폐허 위에 새로운 사회를 건설하는 것이었고, 결국 성공했다. 모든 기관들이 폐쇄되었고 새로 문을 열었다. 모든 사유재산이 몰수되었고 재분배되었다. 가장 야심 찬 계획은 원점에서부터 새로 시작해서 과거를 완전히 청산한 땅에 새로운 문명을 세우는 것이었다.

그러나 인간이란 종족은 자기 과거에 애착을 느끼게 마련인지라 아무리 더 좋은 것을 약속해도 과거를 흔적도 없이 지워버리기란 결코 쉽지 않은 일이다. 그렇다면 이 레닌이란 사람은 대체 누구인가? 과거 말살에 대한 확신을 가지고 수많은 사람들을 흔들 수 있었던 이 사람은? 예전 삶에서 얼마나 끔찍한 고통을 겪었기에 구세계의 전멸을 그토록 갈망했던 것일까? 그가 알던 옛날의 러시아만 아니라면 그것이 피의 바다든 불타는 도시든 모두 용납할 수 있을 정도로 구체제의 삶은 견디기 힘든 것이었음이 틀림없다. 그에게 과연 무슨 일이 있었던 것일까?

레닌은 부유하고 화목한 특권층 가정에서 성장했다. 그의 아버지는 귀족 계급 교수이자 교육 행정직 고위 관료였고, 자식 교육에도 투자를 아끼지 않았다. 그의 안락한 집에는 유력 인사들이 자주 방문하곤 했다. 그의 어머니도 부유한 부르주아 계급 출신으로, 집에서는 늘 연극 놀이를 하고 책을 읽었으며, 식사 시간에는 외국어를 연습하는 분위기를 만들었다. 레닌은 사립학교에서 최고의 교육을 받으며 라틴어, 그리스어, 독일어, 프랑스어, 영어를 배웠다. 학교 선생님들은 그가 성실하고 성적이 우수한 학생이었으며 불만이나 반란의 기미는 전혀 찾을 수 없었다고 기억했다. 그는 상트페테르부르크로 수학과 물리학을 공부하러 떠난 형 알렉산드르를 존경했다. 알렉산드르에게서 편지가 오면 식구들은 벽난로 옆에 옹기종기 모여 앉아 편지를 읽곤 했다. 대학 3학년 때 알렉산드르는 동물학에 대한 독자적인 연구를 발표해 금메달을 수여받기도 했다. 레닌과 어린 동생들은 그런 형을 따르고 동경했다. 그리고 아버지가 쉰네 살에 갑자기 죽자 장남인 알렉산드르는 어머니와 어린 다섯 동생들의 중심이자 실질적인 가장이 되었다.

그런데 레닌이 고등학교에서 마지막 해를 보내던 어느 날, 충격적인 소식이 날아들었다. 형이 차르 알렉산드르 3세를 암살하려는 음모에 가담한 죄목으로 체포되어 교수형을 언도받았다는 것이었다. 공포에 질린 친구와 이웃들은 이 가족에게서 등을 돌렸다. 심지어 수십 년 동안 울리아노프가의 집에서 체스를 하며 저녁을 보냈던 사람들조차 발길을 끊었다. 어머니는 충격과 공포에 휩싸인 채 차르에게 자비를 간청하기 위해 상트페테르부르크로 갔다. 그러나 알렉산드르는 목숨을 살려달라는 탄원서에 서명하기를 거부했다. 애원하는 어머니의 간청을 뿌리치지 못하고 마침내 뜻을 굽히지만 차르는 탄원서를 거부했다. 알렉산드르는 그렇게 처형되었다.

레닌에게 형의 죽음은 혁명의 불씨를 내면에 키운 계기가 되었다.

그해 레닌은 법학을 공부하기 위해 카잔 대학에 입학한다. 그 즉시 혁명 서클에 가입하여 마르크스주의 신봉자로서, 혁명의 선봉자로서, 그리고 20세기의 가장 커다란 혁명의 리더로서 체포와 유형과 망명으로 점철된 길고도 위험한 경력의 막을 올린다.

스위스에서 집필에 전념하던 레닌은 1917년 3월 러시아 혁명 직후 독일이 제공한 봉인열차를 타고 귀국하였다. 그해 11월 무장봉기가 일어나 과도정부가 전복되고 프롤레타리아 독재 혁명정권이 수립된다.

오늘날 레닌은 '피투성이 천재'라고 불리기도 한다. 가장 논란이 되었던 그의 명령 중 하나가 차르 가족을 암살하라는 것이었다. 다섯 아이까지 포함해서였다.

블라디미르 레닌 Vladimir Lenin, 1870~1924
러시아 혁명가이자 정치가. 소련 최초 국가원수. 볼셰비키 혁명의 중심에 서 마르크스주의를 발전시켰다. 무장봉기로 과도정부를 전복하고 프롤레타리아 독재를 표방하는 혁명정권을 수립했으며, 코민테른을 결성했다.

알렉산드르 울리아노프 Alexander Ulyanov, 1866~1887
어린 시절 레닌의 롤모델이자 모순덩어리인 사회를 변화시키고자 한 혁명가.

로댕의 뮤즈가 된 젊은 여성 화가

자신의 진정한 소명을 깨닫고 그 일을 게을리 하지 않는다면
'위대한 은총'은 저절로 주어지게 될 것이다.
– 오귀스트 로댕

AUGUSTE RODIN

그웬 존은 영국 웨일스에서 태어났으며, 1890년대 런던의 슬레이드 미술학교에서 공부했다. 남동생 오거스터스는 소묘화가로 명성을 떨쳤으나 그녀는 사뭇 다른 경로를 걸었다. 남동생이 정열적인 재능을 펼치며 호방한 생활로 유명했던 반면, 그녀는 비교적 고립되고 은둔적인 생활 속에서 작품 활동을 추구했다. 그러나 그녀 또한 나름의 방식으로 사회 인습에 저항했으며, 독립적인 자아를 추구했다.

그웬에게는 한 가지 계획이 있었다. 걸어서 프랑스를 횡단하기로 한 것이다. 친구이자 모델인 도로시 맥닐이 이 여행에 동반하기로 했고, 끼니는 길에서 만난 사람들의 초상화를 그려주는 일로 해결하기로 했다. 젊은 여성 둘이서 도보 여행을 한다는 것은 요즘도 이렇게 하기 어려운 일인데, 더군다나 그때는 무려 100년 전인 1904년이었다! 점잖은 집 여자들은 발목까지 내려오는 치마를 입고 집에만 조신하게 있어야 할 때였다.

그웬에게는 특별한 면이 또 하나 있었다. 여행을 마치고 파리에 도착한 후 몽파르나스 기차역 근처에 작은 다락방을 얻어 작품 활동을 하는 가운데 생계를 위해 다른 화가들의 모델을 서기도 했다. 그러던 중 어느 조각가의 모델 일을 시작했는데, 흰 턱수염을 길게 기른 그 조각가는 오귀스트 로댕이었다.

스물여덟 살의 그웬과 예순네 살의 로댕은 곧 연인이 되었다. 그녀는 편지에 손수 그림을 그려 편지를 보내곤 했는데, 그 편지가 무려 2,000통이 넘는다. 매일 그를 위한 모델이 되기 전에 두 사람은 로댕이 그림을 보관하는 낡은 벽장 속에 기어 올라가 키스를 나누었다.

로댕은 프랑스에서 이미 유명 인사였고, 명성이 전 세계적으로 뻗어나갈 무렵이었기에 두 사람은 조심해야 했다. 그는 전통적이고 인습적인 미술을 타파해나감으로써 가장 유명한 조각가에 이름을 올릴 사람이었다. 로댕이 그웬을 만난 때는 〈생각하는 사람〉이라는 조각상을 막 완성한 뒤였다.

〈생각하는 사람〉이 전시된 후, 로댕은 영국인들로부터 얼마 전 작고한 제임스 맥닐 휘슬러의 조각상을 만들어달라는 의뢰를 받았다. 그는 마치 두 개의 책 받침대처럼 〈생각하는 사람〉과 나란히 전시할 거대한 조각상을 구상했다. 몸을 굽혀 시선을 아래로 향한 〈생각하는 사람〉과 달리 새 작품에서는 위쪽을 향해 분출되는 에너지를 보여주고 싶었다.

로댕은 그웬이 한때 휘슬러의 제자였다는 사실을 알고 있었고, 그녀가 강하고 원기 왕성한 여자라는 것도 알고 있었다. 그는 그녀를 사랑했고, 그녀의 모습을 영원히 남겨두고 싶었다. 그는 휘슬러의 모습을 구현하는 대신 가파른 산을 오르는 그웬의 모습을 조각하기로 마음먹었다. 단순히 휘슬러의 흉상을 만드는 대신 이런 접근을 시도하는 것은 혁신적이고 충격적이었다.

대중은 불평했지만 완전히 새로운 느낌을 주는 그의 작품에 다들 주목할 수밖에 없었다. 휘슬러를 산을 오르는 여성으로 묘사한 이 조각상은 그의 경력의 전환점이 되었다. 그는 이 새 조각상을 〈명성의 산을 오르는 뮤즈〉라 이름 붙였다.

뮤즈란 예술가가 최고의 작품을 창조할 수 있도록 영감을 불러일으키는 사람이나 사물을 말한다. 그웬이 휘슬러의 뮤즈는 아니었을지 몰라도(그녀는 로댕의 뮤즈였다!) 그녀는 석고와 대리석과 청동 속에, 휘슬러를 기리는 강렬하고 빼어난 로댕의 작품 속에 영원히 살아 있게 되었다.

그웬은 로댕에게 열정적이면서 다소 집착하기도 했다. 그러나 자유로운 영혼의 소유자인 로댕은 그녀를 거부하기에 이른다. 로댕을 여전히 사랑했지만 영혼을 속박당하기 싫었던 그웬은 1913년 가톨릭 신자가 되어 파리 교외의 뫼동으로 떠났다. 로댕의 대표적인 연인으로 알려진 카미유 클로델은 그의 그늘에 가려 괴로움을 당한 여성이지만, 그의 뮤즈였던 그웬은 스스로 선택에 의해 고통스러운 내면세계에 갇힌 것이다.

파리 교외로 떠난 이후에는 외부와의 관계를 거의 끊고 고양이와 함께 은둔생활을 하며 작품 활동에만 전념하던 그녀는 1939년 쓸쓸히 삶을 마감했다.

오귀스트 로댕 Auguste Rodin, 1840~1917
프랑스를 대표하는 세기의 조각가. 인체의 묘사가 너무 정교해 실제 사람의 몸을 본떠 만든 것이 아니냐는 의심을 살 정도로 사실주의적인 작품들을 남겼다. 대표작으로 〈생각하는 사람〉 〈칼레의 시민〉 〈입맞춤〉 등이 있다.

그웬 존 Gwen John, 1876~1939
로댕의 작품을 위한 뮤즈이자 그와 불같은 사랑을 나눈 여류 화가.

Edgar Allan Poe

비정한 부정으로 얻은 영감

낮에 꿈꾸는 사람은 밤에만 꿈꾸는 사람에게는
찾아오지 않는 많은 것을 알고 있다.
 – 에드거 앨런 포

버지니아 주 리치몬드에 살던 존과 프랜시스 앨런은 1811년에 한 남자아이를 입양하기로 했다. 당시 두 살이었던 에드거 포는 고아였다. 친아버지 데이비드 포는 1년 전에 죽었고 친어머니 엘리자는 그해 12월 초에 세상을 떠났다. 그를 입양한 부부는 부유한 사업가였으나 친자식이 없었다. 프랜시스 앨런과 한 집에 살았던 그녀의 여동생도 아이를 애지중지했다. 그 집의 가계부를 보면 새 가족은 에드거에게 책과 장난감을 많이 사주었다는 것을 알 수 있고, 존이 에드거에 대한 얘기를 자랑스럽게 쓴 편지들이 남아 있다. 부자가 주고받은 초창기 편지에서 에드거는 존 앨런을 '사랑하는 우리 아빠'라고 부르기도 했다.

그러나 1826년 에드거 앨런 포가 버지니아 대학에 들어가면서 부자 사이가 틀어지기 시작했다. 증거들이 불완전하고 서로 어긋나기 때문에 정확히 무슨 일이 있었는지는 알기 어렵다. 에드거는 당초 학비와 생활비를 대주기로 했던 아버지가 돈을 보내주지 않았다고 주장했다. 그는 돈을 마련하기 위해 결국 도박에 손을 댔고, 술독에 빠져 살았다.

한편 존 앨런은 에드거가 청소년기를 거치는 동안 양아들을 안 좋게 보기 시작했던 것 같다. 에드거를 싹싹하지도 않고, 성격도 나쁘고, 고마움도 모르는 형편없는 아이라고 비난하기도 했다. 그는 버지니아 대학이 있는 샬로츠빌까지 찾아가 도박 빚 말고는 다른 빚을 갚아주었다고도 주장했다. 그가 정말로 그렇게 했는지, 또 그해에 에드거가 직장을 찾도록 도와주었는지의 진위는 확실하지 않다.

왜 그들 사이에 불화가 생겼을까? 의문을 풀어줄 만한 대답은 없지만 존 앨런의 전기는 몇 가지 단서를 제공하고 있다. 에드거가 어렸을 때 존 앨런은 런던에서 엘리스&앨런이라는 무역회사를 차리려 했다가 실패하면서 경제적 어려움을 겪게 되었다. 그 때문에 예전처럼 관대할 수 없었고, 인내심을 가지고 양아들을 대하지 못했던 것일까? 그는 가족을 데리고 결국 리치몬드로 돌아왔고, 그 뒤에 아내 몰래 외도를 하기 시작했다. 양어머니 프랜시스에게 극진했던 에드거가 이 사실을 알고 그를 냉랭하게 대했을 수도 있다. 이유가 무엇이든 간에 따뜻했던 부자 사이가 멀어졌을 뿐만 아니라 갈수록 불화가 커졌고 끝내 화해하지 않았다는 것만은 분명하다.

존 앨런은 에드거 포의 육군사관학교 '추천서'에 이렇게 썼다. '솔직히 말씀드리자면, 이제 그 아이와 저는 아무 관계도 아닙니다.'

양아버지가 죽어가던 무렵 에드거는 그를 찾아갔다(그때 존 앨런은 재혼한 상태였고, 합법적인 상속자가 따로 있었다). 그는 양아버지에게 다가가기 위해 그의 두 번째 아내를 힘으로 밀쳐내야 했다. 존 앨런은 에드거에게 더 가까이 오면 내려칠 기세로 지팡이를 휘두르며 당장 방에서 나가라고 소리를 질렀다. 이것이 그들의 마지막 만남이었다.

존이 에드거에게 미친 영향은 조금 복잡하다고 할 수 있겠다. 어쨌든 아버지 덕분에 에드거는 교육을 받을 수 있었다. 그는 에드거를 데리고 외국 여행을 떠난 적이 있는데, 이는 에드거가 미국 땅을 벗어난 첫 번째이자 마지막 여행이었다. 이때 접한 유럽은 그의 마음속에 강렬한 인상을 남겼던 것 같다. 그는 옛이야기에나 나올 법한 잉글랜드와 스코틀랜드의 풍경들을 소설의 배경으로 묘사했다.

그렇다면 존이 에드거를 거부한 일은 어떠한가? 그것이 옳고 그르고는 차치하고라도 존 앨런은 에드거를 등진 또 하나의 아버지였다. 에드거 앨런 포의 소설에는 고상하고 위엄 있던 가정이 훗날 타락하고 망가지는 이야기, 또는 처음에 받은 인상과 나중의 실상이 완전히 다른 인물이 자주 나온다. 그의 작품에 드리워지는 기묘함은 기본적으로 친숙하고 편안하고 따뜻했던 세상의 껍질이 언제라도 벗겨지고 다른 얼굴을 드러낼 수 있다는 불안에서 기인한다. 분명 에드거 포의 젊은 시절의 경험이 그런 감정을 불러일으켰을 것이다. 물론 이것이 전적으로 존 앨런의 탓이라고 말할 수는 없겠지만 말이다. 어쨌든 존의 일관성 없는 태도와 설명하기 어려운 양아들에 대한 애정의 변화는 에드거 앨런 포의 소설에 깔려 있는 섬뜩한 관점

들을 몰아내는 데 전혀 도움이 되지 못했음은 분명하다.

19세기 가장 독창적인 작가였던 에드거 앨런 포는 가난과 여러 가지 불행 속에서 살다가 마흔 살의 젊은 나이에 볼티모어의 길거리에 쓰러져 세상을 떠났다.

에드거 앨런 포 Edgar Allan Poe, 1809~1849
추리소설의 창시자. 현대화된 소설의 틀을 마련한 독창적인 이론가이자 낭만주의 또는 상징주의 시인이기도 하다.《모르그가의 살인》《마리로제 미스터리》《도둑맞은 편지》 등을 집필해 큰 반향을 불러일으켰다. 그가 창조한 인물 뤼팽은 추리소설의 대표 아이콘이다.

존 앨런 John Allan, 1779~1834
양아들에 대한 애정의 변화로 인해 에드거가 섬뜩한 인물과 사건을 묘사하는 데 영향을 끼친 양아버지.

William Morris

친구의 여자를 사랑했네

인간이 지녀야 할 행복한 목표가 있다면,
그것은 아름다운 집 그리고 아름다운 책이다.
– 윌리엄 모리스

WILLIAM MORRIS

윌리엄 모리스는 진정한 르네상스인이었다. 그는 가구, 스테인드글라스, 태피스트리, 벽지를 디자인했고, 시와 소설을 썼으며, 적극적인 사회주의자에 심지어 켐스콧 프레스라는 출판사를 내기도 했다. 그의 광범위한 작품들―정교한 꽃과 동물무늬 직물 디자인에서 현대의 판타지 장르의 모태가 된 삽화가 실린 책들까지―은 예술 분야에 오랫동안 영향을 주었다. 모리스의 야심찬 예술 행로에 영향을 준 동시대인들과 친구들이 많지만 그 누구도 단테 가브리엘 로세티만큼은 아니었다.

로세티와 모리스는 1856년 예술과 시, 리뷰들을 다루는 〈옥스퍼드 앤드 케임브리지 매거진〉에 함께 기고하면서 만났고, 그때부터 그들의 예술적, 지적, 개인적 삶은 설명이 어려우리만치 한데 뒤얽혔다. 로세티는 시를 공부했고, 그 뒤에 런던의 왕립미술아카데미에서 그림을 배웠다. 천성적으로 반항 기질이 있던 로세티는 그가 배운 보수적인 가치들에 도전했다. 그의 그림에 나타난 다채로운 색상과 뛰어난 세부 묘사, 고전적인 자세의 아름다운 여인들은 성적 욕망에서 기원한 미학과 중세에 대한 그의 관심을 피력하고 있다.

모리스와 마찬가지로 로세티도 공동체의 가치를 중시했고 뜻을 같이하는 예술가들과 정기적으로 모여 새로운 미적 시도를 추구했다.

로세티가 모리스에게 미친 영향은 즉각적이고 다면적이었다. 첫째로, 로세티는 모리스에게 건축 경력을 포기하고 그림을 그리라고 설득했다. 모리스는 이렇게 말했다. "로세티가 나한테 그림을 그려야 한다고 강력하게 주장하더군요. 그는 정말 좋은 사람이고 쉽게 말을 내뱉는 사람이 아니에요. 많은 것을 바라지는 않지만 최선을 다할 생각입니다. 그쪽 방면으로 로세티가 조언을 많이 해주었어요."

1857년, 로세티는 모리스에게 미래의 윌리엄 모리스 부인이 되는 제인 버튼을 소개한다. 모리스는 제인의 미모에 마음을 빼앗겼고, 로세티 역시 그녀에게 매료되었지만 그에게는 시인이자 화가였던 연인이 따로 있었기에 모리스와 제인이 잘되기를 바랐다. 1861년 모리스와 로세티는 교회와 가정 인테리어에 필요한 가구, 스테인드 글라스, 직물을 디자인하는 실내장식 회사 '모리스 마셜 포크너'라는 회사를 설립한다.

1860년대는 모리스와 로세티 모두에게 치열한 창조의 시기였다. 모리스는 자신의 에너지를 회사와 자신의 건축적 이상이 담긴 '레드 하우스'에 쏟아부었다. 그리고 그의 관심은 차츰 그림에서 직물 디자인으로 옮겨갔다.

로세티는 직장 일을 하면서도 계속해서 시를 쓰고 그림을 그렸지만 그사이 엄청난 슬픔을 맛보기도 했다. 그가 10년 동안 자신의 뮤즈로 숭배하던 엘리자베스 시달과 우여곡절 끝에 결혼했지만 행복은 오래가지 못했다. 고작 2년이 지난 1862년, 엘리자베스는 아이를 사산한 후 우울증 약을 복용하다 아편 약물 과다복용으로 세상을 떠났다. 슬픔과 충격에 빠진 로세티는 아직 출간하지 않은 자신의 시들을 그녀의 무덤에 함께 묻었다.

로세티는 그토록 사랑했던 엘리자베스를 대신해서 모델이 되어주고 영감을 줄 다른 여자를 금방 찾아냈다. 그가 세계 최고 미인이라고 생각했던 여자, 제인 모리스였다. 로세티는 친구의 아내를 무척 많이 그렸고 수많은 시를 썼다. 그는 그녀에 대한 감탄을 미묘하게 암시하는 그림을 그리는가 하면 짜릿한 성적 표현이 담긴 시를 쓰기도 했는데, 이 모두가 제인을 향한 욕망에서 영감을 받은 것이었다.

엘리자베스가 죽은 후 몇 년 동안 로세티는 가장 왕성하게 작품 활동을 했다. 그의 작품들 중에는 그의 사랑(죽은 사랑과 살아 있는 사랑 둘 다)으로부터 영감을 받은 시와 그림들이 특히 두드러졌다. 1869년에는 아내의 무덤을 열어 그의 미발표 시들을 수습했다. 그리고 새로 쓴 산문들과 몇몇 번역 작품들을 한데 모아 출판했다. 이 선집은 로세티의 문학 작품 중에 최고의 업적이었지만 당시에는 그리 좋은 평가를 받지 못했다.

같은 해 로세티와 모리스는 옥스퍼드 주에 있는 켐스콧 저택을 빌렸다. 왕성한 활동가였던 모리스는 로세티와 제인을 남겨두고 자주 집을 떠나 있었고, 두 사람은 그렇게 여러 해 동안 불륜 관계를 이어 갔다. 자신의 아내와 친구의 불륜은 평생 모리스를 괴롭혔다. 어쩌면 이로부터 도피하기 위해 모리스는 다시 한 번 방향을 바꾸어 점점 더 많은 시간을 사회활동과 소설 집필에 할애했고, 요즘 판타지 장르라 불리는 분야를 개척했다. 1870년대 중반 모리스와 로세티는 점점 멀어졌고(아마도 로세티와 제인의 불륜 때문에) 끝내 모리스는 로세티를 실내장식 회사에서 해고했다.

혼자가 된 로세티는 진정제의 일종인 클로랄과 알코올에 의존하다가 1882년에 세상을 떠났다. 그의 삶은 비극이었지만, 로세티의 시와 그림은 영국 예술계의 새로운 세대들, 그리고 누구보다 윌리엄 모리스에게 영감을 선사한 인물이었다.

윌리엄 모리스 William Morris, 1834~1896
영국 출신 화가이자 공예가, 건축가, 시인, 정치가, 사회운동가. 진정한 노동의 즐거움을 예찬하였으며 고대건축보존협회를 설립하는 등 사회활동에도 꾸준히 참여했다. 《제이슨의 생애와 죽음》 《지상의 낙원》과 같은 시집을 남기기도 했다.

단테 가브리엘 로세티 Dante Gabriel Rossetti, 1828~1882
모리스가 예술적, 지적, 개인적 삶을 이어가는 데 가장 큰 영향을 미친 동료이자 친구.

Part 3

멘토

천재는 알아보는 이가 있어야 완성된다

나비처럼 날아서 벌처럼 키워낸 영웅

위험을 무릅쓸 용기가 없으면
인생에서 아무것도 이룰 수 없다.

– 무하마드 알리

무하마드 알리는 1942년에 미국 켄터키 주 루이빌의 가난한 집에서 태어났다. 1964년 세계 헤비급 타이틀전에서 가장 주먹이 센 소니 리스턴을 쓰러뜨리고 새 챔피언으로 등극했다. 그 경기는 모두의 예상을 깬 명장면을 보여주었고, 지금까지 알리는 권투 역사상 가장 위대한 복서로 기억된다.

선수 시절 초창기, 무하마드 알리는 자신이 파이터로 성장한 과정을 회상하며 이렇게 말했다. "어떤 사람들은 나한테 이렇게 말해요. '캐시어스, 지금의 너를 만든 건 나야.' 루이빌에서 내 오토바이가 고장 나면 자기 차로 체육관까지 태워다준 사람들이 있는데, 그 사람들이 요즘 나한테 지금의 알리를 만든 건 자기들이니 내가 성공해도 절대 잊지 말라고 합니다. 하지만 잘 들어둬요. 나를 만든 사람이 누군지 얘기하고 싶으면 나랑 얘기하면 됩니다. 나를 만든 건 바로 나니까."

청년 시절 무하마드 알리를 알게 된 사람들은 그가—본인의 마음속에서나 다른 많은 사람의 마음속에서나—가장 위대한 권투 선수가 된 것은 필연이었다고 말하기도 한다.

하지만 알리에게서 운명적인 시각을 조금 거두면, 성난 소년의 주먹을 거리가 아닌 사각의 링에서 휘두르게 한 복서의 길로 이끌어 준 사람을 찾을 수 있다. 그 이야기를 하려면 캐시어스 클레이라는 이름을 쓰던 시절로 거슬러 올라가야 한다. 대자연의 기운이 온전히 그에게로 기울기 전, 알리가 세상에서 가장 유명한 사람이 되고 '가장 위대한 챔피언'이 되기 전, 열두 살 소년이 친구들과 놀기 위해 크리스마스 선물로 받은 60달러짜리 빨간 자전거를 타고 루이빌의 마을 복지관으로 달려가던 그때로 말이다.

공짜 팝콘과 핫도그를 실컷 먹고 난 아이들이 집으로 돌아가려고 보니 캐시어스의 자전거가 보이지 않았다. 분노와 절망으로 눈물범벅이 된 소년은 씩씩거리며 당장 강당 지하의 컬럼비아 체육관으로 달려갔다. 그곳은 권투가 취미인 경찰 조 마틴이 운영하는 권투 훈련장으로, 어린 골든 글러브(미국의 아마추어 권투 경기 – 옮긴이) 꿈나무들을 육성하고, 지역 TV 방송국에서 〈내일의 챔피언〉이라는 아마추어 권투 프로그램을 촬영하는 곳이었다. 서른여덟 살의 마틴은 성격이 느긋하고, 캐딜락을 타고 다니며 편안하게 살아가는 사람이었다. 20년째 경사 승진 시험은 보지도 않고 말단 경찰만 하는 그를 보고 친구들은 장난으로 경사님이라고 불렀다.

자전거를 잃어버린 소년은 경찰을 찾아가 자초지종을 털어놓았다. 그래도 여전히 분이 안 풀렸는지 자전거 도둑을 찾으면 반드시 한

방 먹여주겠다며 몇 번이고 다짐했다. 마틴은 소년이 이야기를 다 마칠 때까지 참을성 있게 들어준 뒤 한마디 물었다.

"그런데 너, 싸움은 할 줄 아니?"

"아뇨. 그래도 무조건 싸울 거예요." 캐시어스가 대답했다.

"그럼 먼저 싸우는 법부터 배워볼래?" 마틴이 말했다.

이것이 영원한 세계 챔피언 무하마드 알리가 처음 권투의 세계에 입문하게 된 순간이다. 그날 이후 캐시어스는 마틴의 체육관에서 권투를 배우기 시작했다. "그 녀석은 레프트 훅과 엉덩이 걷어차기의 차이도 몰랐어요"라고 마틴은 회상했다. 하지만 캐시어스는 곧 타고난 재능을 드러냈다. 소년은 뛰어난 반사 신경과 스피드로 가장 빠른 복서의 자질을 보여주었다. 그는 훈련을 시작한 지 6주 만에 첫 시합을 가졌다. 그 3회전 경기는 스플릿 디시전(심판 전원 일치가 아닌 판정 - 옮긴이)으로 끝나긴 했지만, 캐시어스는 스스로 '머지않아 역대 최고'가 될 거라고 외쳤다.

마틴은 캐시어스의 아마추어 선수 시절을 함께했다. 마틴의 아내는 토너먼트 경기가 열릴 때마다 소년을 차에 태우고 다녔다. 당시만 해도 흑인은 손님으로 받지 않았던 길가 식당에서 샌드위치를 사다 먹여가며 온 나라를 누볐다. 아마추어 선수로서 180승을 올린 그는 1960년에 로마 올림픽 국가대표 선수로 발탁되었다.

하지만 뜻밖의 난관이 애를 먹였다. 비행기 공포증 때문에 기차를 타고 가겠다며 고집을 부렸던 것이다. 마틴은 캐시어스를 앉혀놓고 하루에도 몇 시간씩 설득해야 했다. 그토록 꿈꾸던 세계 챔피언이 되기 위해서는 올림픽에서 메달을 따야 하고, 그러려면 로마까지 비행기를 타고 가야만 한다고 말이다. 결국 캐시어스는 직접 준비한 낙하산을 등에 매단 채 비행기에 올랐다.

로마 올림픽에서 캐시어스는 금메달을 목에 걸고 금의환향했다.

이제 열여덟 살의 캐시어스 클레이는 아마추어 행보를 마치고 프로 트레이너를 구해야 했다. 하지만 이후에도 마틴과 캐시어스는 평생 연락을 끊지 않았다.

마틴은 열한 명의 골든 글러브 우승자를 배출했고, 경찰에서 은퇴한 뒤에는 경매인의 길에 들어섰다. 1980년에 켄터키 주 제퍼슨 카운티의 보안관으로 출마했다가 낙선한 마틴을 위한 기금 마련 권투 전시회에 무하마드 알리가 참석하기도 했다. 1996년에 마틴이 세상을 떠날 때는 그가 알리의 인생에 미친 역할을 온 국민이 기억할 수 있게 되었다.

무하마드 알리 Muhammad Ali, 1942~
전 헤비급 챔피언 권투 선수. 파킨슨병에 걸려 거동이 자유롭지 못했지만 1996년 애틀랜타 올림픽 성화 점화자로 나서 감동을 주었다.

조 마틴 Joe Martin, 1916~1996
경찰이었으나 어린 알리의 재능을 알아보고 권투 선수로 키워낸 스승.

Sadaharu Oh

....

868번째 홈런을 날린 삼진왕

무언가를 위해 노력하면 반드시 보답이 있다.
만약 보답이 없다면 노력했다고 말하지 마라.

– 오 사다하루

오 사다하루는 와세다 실업고 시절 천재 투수로 이름을 날렸다. 그는 기대감을 한 몸에 받으며 요미우리 구단에 입단하면서 타자로 변신했다. 하지만 웬일인지 이 고교 야구 영웅은 3년째 변변한 성적을 내지 못하고 있었다. 1962년, 프로 입단 4년째 홈런은 드물었고 타율도 평범했다. 야구팬들은 그를 "왕은 왕인데 삼진왕"이라고 야유를 보냈다('오'는 일본어로 '왕'이란 뜻이다).

수천 시간의 연습과 타격 코치의 연구에도 불구하고 사다하루는 일관성 있는 타격을 하지 못했다. 그날도 사다하루는 삼진 아웃을 당하고 곧장 벤치로 불러들여졌다. 아라카와 코치의 집까지 택시를 타고 가는 내내 스승과 제자는 침묵했고, 그렇게 스승과 헤어진 후에도 그는 혼자 비를 흠뻑 맞으며 한참 서 있었다. 하지만 이 선수는 개인 통산 868개의 홈런을 치며 홈런왕으로 우뚝 서게 된다. 그의 트레이드마크인 외다리 타법이 탄생하는 데는 그의 야구 인생에 큰 영향을 미친 스승 아라카와 히로시가 있었다.

두 사람의 첫 만남은 우연히 이루어졌다. 당시 프로선수였던 아라카와는 개를 산책시키다가 친구들과 야구를 하는 한 소년에게 시선

이 멈추었고 이상한 점을 발견했다. "너 왼손잡이 같은데?" 소년이 공을 던질 때는 왼손으로 던지고, 칠 때는 오른손으로 치는 것을 보았던 것이다. 알고 보니 소년은 왼손잡이였는데도 젓가락질을 하고 글을 쓸 때는 오른손으로 해야 한다는 가정교육을 받고 그대로 따라 하고 있었다. 역시 왼손잡이였던 아라카와는 왼손잡이 타자의 장점을 알려주었다. 그 말을 듣고 소년은 자신에게 자연스러운 방향으로 돌아섰고 곧바로 2루타를 날렸다. 이후 두 사람은 프로 선수와 코치로 재회하기 전까지 몇 년 동안 아주 가끔씩만 만났다.

아라카와는 장타자가 아니었다. 1953년부터 1961년 사이에 고작 열여섯 개의 홈런을 쳤을 뿐이다. 부족한 능력을 그는 마르지 않는 호기심으로 채우며, 가능한 모든 지식을 총동원해서 타격에 적용했다. 아라카와에게 훈련을 받는 동안 사다하루는 스승으로부터 배울 수 있는 것을 모두 흡수했다. 선불교에서부터 가면극, 가부키, 그리고 합기도까지.

아라카와가 처음 합기도의 스승이자 창립자 우에시바 모리헤이 선생의 도장을 찾았을 때 누군가 그가 야구 선수였다고 귀띔을 해주었다. 그러자 성긴 구레나룻의 나이 든 스승은 "차라리 검으로 공을 베어버리지 그러느냐!"라고 말한다. 그러고는 아라카와를 도장 바닥에 메다꽂아버렸다. 그때부터 아라카와는 그의 헌신적인 제자가 되었다.

오 사다하루가 부상의 위험 때문에 합기도 배우기를 거부하자 아라카와는 제자를 대신해서 운동에 임하며, 자기가 배운 정신, 육체, 기술을 조화시키는 법을 보여준다. 스승이 얻어맞고 이리저리 메다꽂히는 동안 사다하루는 매트 가장자리에 앉아 있었다. "그분이 난타당하는 것을 지켜보면서 그에 대한 믿음과 신뢰가 커지는 것을 느낄 수 있었다"라고 오 사다하루는 적었다. 도장에서 야구장으로 가는 차 안에서도 아라카와는 제자를 가르쳤다. 그들은 밤이고 낮이고 타격의 모든 요소에 대해 의논했다.

한 해가 더 지나갔고, 사다하루는 여전히 스윙의 요소들을 조화시키지 못하고 있었다. 경력 3년이 넘었지만, 그의 몸은 서로 안 맞아 삐걱거리는 기계 부품들의 조합 같았다.

"아무래도 넌 야구가 안 맞는 것 같다." 아라카와는 사다하루에게 말했다. 사다하루는 빗속에 서서 야구 없는 삶을 상상해보았다. 그리고 부모님의 국수집에서 일하는 자신의 모습을. 그는 그날 밤 침대에 몸을 던지며 차라리 우천으로 경기가 취소되기를 바랐다. 그러면 실패감을 맛보지 않아도 되니까.

"도시 위로 떠오른 태양이 마치 세상에 처음으로 뜬 태양 같았다." 오 사다하루 인생의 비가 갠 하루는 그렇게 시작되었다. 외다리 타격 자세를 처음 선보인 바로 그날 말이다. 도무지 부진을 면치 못하고, 성적 압박을 받던 아라카와는 이렇게 선언했다. "오 사다하루는 이제 한 다리로 선다!" 그것은 두 사람이 여러 가지 연구 끝에 장난 삼아 해본 기술이었다. 사다하루는 공을 기다리는 동안 한 발로 서서 균형을 잡아야 했다. "그렇게 해. 명령이야." 스승은 혼란스러운 제자를 어려운 선택으로부터 구해주듯 그렇게 말했다. 그러면서 삼진 아웃을 두려워하지 말라고 했다.

"나는 플레이트로 다가가 타석에 들어섰다. 그리고 외다리 자세를 취했다"라고 그는 썼다. "나는 방망이를 가볍게 휘두르며 깨끗한 중전 안타를 쳤다." 2이닝 뒤 그는 또다시 한쪽 다리를 들어 올렸고 홈런을 날렸다. 그때부터 아라카와와 사다하루는 외다리 타법을 더욱 갈고닦기 위해 연습하고 또 연습했다.

아홉 번 MVP를 거머쥐고 수차례 우승을 이끌었으며, 868개의 홈런을 쳐낸 삼진왕은 이렇게 말했다. "아라카와 히로시는 나의 영원한 스승입니다."

오 사다하루 Sadaharu Oh, 1940~
외다리 타법으로 홈런왕에 오른 야구 선수. 통산 868개의 홈런을 날려 메이저리그 배리 본즈의 762개를 넘어 세계 최다 기록을 수립했다. 1980년 현역 은퇴 이후 지도자의 길을 걷고 있다.

아라카와 히로시 Hiroshi Arakawa, 1930~
프로 데뷔 후 슬럼프에 빠진 제자가 최고의 홈런왕에 오를 수 있도록 체계적으로 도운 타격 코치.

Wright Brothers

....

겨우 2,000번 추락하다

나는 앵무새가 말을 하는 유일한 새라는 것을 압니다.
그런데 이 새는 그리 높이 날지 못합니다.
– 윌버 라이트

"인간의 비행이 가능할 거라는 믿음에 저는 한동안 사로잡혔습니다. 이 병은 심각할 정도로 깊어지다가 결국은 제 목숨을, 혹은 엄청난 돈을 대가로 바치게 될 거라는 느낌에 이르렀습니다."

1900년 5월 13일 윌버 라이트는 이렇게 선언했다. 이 드라마틱한 고백으로 시작하는 다섯 장짜리 편지는 오하이오 주 데이튼에서 동생 오빌과 함께 자전거포를 운영하던 윌버 라이트가 쓴 것이었다. 편지의 수신인 옥타브 샤누트는 라이트보다 서른다섯 살이나 더 많은 존경받는 엔지니어이자 사업가였다. 이것을 시작으로 과학적 정확성의 추구와 열정으로 가득한 수백 통의 편지가 오갔다. 이들의 혁신적인 공동 연구를 증명하는 소중한 자료라 하겠다.

옥타브 샤누트는 1832년 파리에서 태어났다. 여섯 살 때 가족을 따라 미국으로 건너갔고, 일찌감치 철도에 매료되어 열일곱 살에 토목 기술자의 길에 들어섰다. 그는 철도회사 여덟 곳의 기관장 자리를 거치기도 했다. 현대화 물결의 다양한 분야에 깊이 참여하게 되면서 도시 계획과 환경 보존을 위한 위원회의 의장직을 맡기도 했다. 1873년에는 그의 공을 기려 캔자스 주에 그의 이름을 딴 채누트

(샤뉴트의 영어식 발음)라는 도시가 만들어졌다.

1889년, 샤뉴트는 널리 존경받는 인물로 명예롭게 은퇴해도 될 법했다. 그러나 그는 사무실을 시카고로 옮겨 관심을 비행기로 돌렸다. 조금 늦은 나이이긴 했으나 이 '당대의 문제'는 샤뉴트에게 활기를 불어넣었다. 그는 공기보다 무거운 기계의 비행에 관해 말해줄 사람이라면 그가 누구든지 간에 광범위하게 국제적으로 편지를 주고받았다. 그는 이 분야의 수백 년간의 자료를 모두 모아 정리했다. 더 이상의 명성이나 금전적 이득에는 관심이 없었던 샤뉴트는 이 획기적인 혁신 분야의 지식을 무료로 배포하는 데 헌신했다. 수많은 논문을 발표하였고, 《비행 기계의 발전*Progress in Flying Machines*》이라는 획기적인 책을 출간하며 그의 연구는 정점을 찍는다.

샤뉴트가 이룬 가장 유명한 '비행의 발전'은 1896년 여름에 시작되었다. 미시간 호수 남쪽, 강한 바람이 부는 모래언덕에서 실시된 일련의 실험에서 샤뉴트와 그의 팀은 글라이더로 2,000회가 넘는 비행을 실행했다. 결과는 성공적이었다. 샤뉴트 아들의 바지가 찢어진 것 외에는 단 한 번의 부상조차 없었다. 1877년 최초로 사람이 탈 수 있는 글라이더를 개발했으나, 비행 실험 중 추락하여 죽은 비운의 독일 발명가 오토 릴리엔탈로부터 시작된 글라이더 설계는 마침내 샤뉴트에 의해 완성되었다. '샤뉴트 유형' 복엽기(날개가 상하 두 개로 된 비행기 - 옮긴이)를 만드는 데 성공한 것이다. 이는 프래트

트러스라는 교량 건설의 원리를 응용해 설계한 글라이더였다. 안정적이고, 튼튼하고, 효율적인 이 글라이더는 그때까지 세계에서 가장 성공적인 비행 장치였다. 라이트 형제는 이 글라이더에 착안해서 노스캐롤라이나 주 키티호크와 킬데빌힐에서 역사적인 비행을 준비했고, 그것이 발전을 거듭하여 1903년에 전설적인 동력 비행기 플라이어호가 탄생했다.

샤누트는 자신의 연구 결과를 라이트 형제 손에 넘겨주고, 그들의 실험 현장을 방문하고, 그들의 성공에 환호함으로써 그들을 지원했다. 이 모든 것이 현대의 비행이란 한 사람의 업적이 아니라 많은 사람의 힘이 모여서 이루어지는 것이라는 믿음 때문이었다.

그러나 이 혁신적인 사건으로 라이트 형제가 확실하게 덕을 보게 되자 마찰이 생겼다. 샤누트는 라이트 형제가 경쟁 실험가들과 특허권 침해 소송이나 벌이고, 경쟁에서는 기권하고, '막대한 부를 좇는다'며 공개적으로 맹렬히 비난했다. 그럼에도 불구하고 그들의 우정은 건재했다.

샤누트의 장례식에 라이트 형제가 참석했고, 형인 윌버 라이트가 추도사를 낭독했다. 당시 〈사이언스〉지는 이렇게 증언했다. '아무도 가지 않은 길의 출발선에 서 있던 라이트 형제에게 그는 자신의 천금 같은 경험과 정보, 그리고 조언을 그들이 가장 필요로 하는 순간에 기꺼이 관대하게 제공했다. 그리하여 그들은 마침내 승리하여 정상에 섰다.' 비록 샤누트의 업적은 사람들에게 잊혀갔으나 그의 관대함이라는 유산은 역사에 영원히 새겨졌다. 모범적인 멘토로서 그는 라이트 형제의 새로운 시작을 진정으로 도운 사람이었다.

윌버 라이트 Wilbur Wright, 1867~1912 **오빌 라이트** Orville Wright, 1871~1948
미국 비행기 발명가. 고등학교 시절 인쇄기를 직접 조립해 신문을 만들 정도로 손재주가 뛰어났으며, 엄청난 책벌레였다. 1903년 비행 시간 12초, 비행 거리 36.5미터라는 세계 최초 비행에 성공했다.

옥타브 샤누트 Octave Chanute, 1832~1910
라이트 형제가 비행에 성공할 수 있도록 자신의 연구 성과를 아낌없이 나누어준 멘토.

Srinivasa Ramanujan

....

"자네의 가능성을 믿고 있다네!"

라마누잔의 연구가 그토록 매력적인 것은
그 용도가 현실세계의 문제를 해결함에 있어서가 아니라
훌륭함, 아름다움 그리고 미스터리,
즉 수학에 대한 순수한 사랑으로 넘쳐나기 때문이다.
– 《수학이 나를 불렀다》 중에서

고전적인 수학 에세이인 《어느 수학자의 변명Mathematician's Apology》에서 20세기 초 가장 뛰어난 정수론 학자였던 고드프리 해럴드 하디는 다음과 같이 썼다.

'수학자라는 직업을 가진 내가 최일선에서 창조적인 수학적 활동을 하지 못하고 이 따위 글이나 쓰고 있다니 비극적인 일이다. (……) 나는 머리가 가장 좋았을 때 수학을 했고 그 능력이 떨어지면서 철학을 하기 시작했다.'

그는 77세까지 살았고 이 책을 출간할 당시에는 수학의 창조성을 거의 상실해버린 70세였다. 그는 수학이야말로 젊은이들의 학문이라고 단정짓는다. 그러나 평생을 수학에 바쳐온 그가 세상에 바친 것은 그의 젊음만이 아니었다.

수학 석사 학위를 받은 1909년부터 1913년까지 하디는 비교적 이름난 수학자로 케임브리지 대학에서 강의를 하며 '순수 수학(현실적인 응용을 하지 않는 수학)'을 대변했다. 그는 수학이 군사적으로 이용되는 것을 반대하여 끝까지 순수 수학자로 남기를 열망했으나 그의 연구는 물리학, 핵물리학, 유전학, 그리고 다른 과학 분야에서 널리 응용되었다.

1913년의 어느 날, 하디는 인도에서 온 우편물을 받는다. 스리니바사 라마누잔이라는 인도 사람이 수학을 연구하고 그 결과를 정리해 보낸 아홉 장 분량의 수학 노트였다. 처음에 그는 누가 장난을 치는 거라고 생각했다. 하지만 읽을수록 장난은커녕 천재 수학자를 발견했다는 것을 알아차렸다.

하디는 라마누잔을 케임브리지로 초청해 공동 연구를 했다. 그는 이 수학자의 직관적인 천재성뿐만 아니라 그 존재의 비현실성에 경탄했다.

라마누잔은 1887년 인도 마드라스 주에서 귀족 계급인 브라만으로 태어났지만, 학비를 걱정할 정도로 가난해 대학 교육을 제대로 받지 못하고 열다섯 살부터 독학으로 공부해야 했다. 수리 분석, 무한급수, 연분수, 정수론 같은 수학적 기초도 친구에게서 빌린 책으로 공부한 것이었다.

친구가 도서관에서 빌려다준 그 책은 G. S. 카의《순수 수학과 응용 수학의 기초 결과 개요_A Synopsis of Elementary Results in Pure and Applied Mathematics_》였다. 대학 졸업 시험을 준비하는 학생들이 보는 책으로, 수학 정리가 5,000개 남짓 실려 있었다.

약간의 논란 끝에 라마누잔은 결국 영국으로 건너왔다. 그는 그곳에서 강의를 하고, 자신의 수학을 입증하기도 하고, 하디의 지도를 받으며 영국 수학계를 경악하게 한다.

1918년, 두 사람은 공동 연구를 수행하여 다섯 편의 논문을 발표하였다. 그들의 대표적인 연구 결실은 '하디-라마누잔 점근성의 공식'을 발견한 것이다. 이는 당시 물리학자 닐스 보어가 원자핵의 양자 분할 함수를 찾는 데 활용되었고, 핵물리학 분야의 발전을 이끌기도 했다.

공동 연구의 좋은 선례를 남긴 두 수학자의 인연은 안타깝게도 오래가지 못했다. 라마누잔은 1917년 병에 걸려 요양원을 전전하다가 1919년에 고향으로 돌아갔다. 그리고 이듬해 4월 서른두 살이라는 젊은 나이에 세상을 등지고 말았다. 사인은 기생충 감염으로 추정된다.

라마누잔이 죽을 때까지 연구한 내용은 1976년 미국 펜실베이니아 주립대학 조지 앤드류스 교수에게 발견되어 '라마누잔의 잃어버린 노트'라는 제목으로 출간되었다. 그 노트에는 그가 케임브리지에 있는 동안 연구한 약 600개에 달하는 정리가 기록되어 있었다. 지금도 많은 수학자들이 그가 남긴 연구 노트를 해독하느라 애를 쓰고 있다.

라마누잔은 1918년에 인도인으로서는 처음으로 영국왕립학회 회원이 되었고, 연분수에 관한 한 당대 최고의 수학자로 손꼽혔다. 그와 하디의 관계는 7년밖에 지속되지 못했지만, 그 뒤로 하디는 훌륭한 수학자보다 훌륭한 수학자를 발견한 사람으로 세상에 훨씬 더 알려졌다.

Amelia Earhart

....

최초 여성 파일럿의 탄생

누구나 할 수 있거나 할 일을 하지 말고
아무도 할 수 없거나 하지 않을 일을 하라.
– 아멜리아 에어하트

'역사상 가장 유명한 여성 파일럿', '창공의 여왕', '하늘의 퍼스트레이디', 아멜리아 에어하트는 20대에 결혼을 이렇게 정의했다. "가정부 로봇의 삶을 사는 것."

에어하트는 청혼을 받아도 거절했고, 친구들에게도 결혼하지 말라고 조언했다. 결혼은 여자가 직업을 갖는 데 장애가 될 뿐이라는 것이었다. 에어하트의 마음을 사로잡은 것은 하늘을 나는 비행이었다. 캘리포니아의 롱비치에서 단 10분간 비행기를 타본 이후 그녀는 하늘을 나는 것에 매료되었다. 그 후 비행 훈련을 받아 마침내 비행사 자격증까지 얻었다. 그렇게 비행을 좋아했지만 넉넉지 않은 집안 사정 때문에 사회복지사가 되어 주중에는 이민자들에게 영어를 가르치고 주말에는 시험 비행을 했다. 그러다가 서른 살이 되던 해 G. P. 퍼트넘을 만났다. 출판업자이자 작가, 모험가였던 그는 에어하트의 경력을 위해 헌신했고(처음에는 직업상, 나중에는 그녀의 남편으로서), 에어하트는 진짜 비행사가 될 수 있었다.

뉴욕 라이 시의 유복한 집안에서 태어난 퍼트넘은 G. P. 퍼트넘스 선스(G. P. Putnam's Sons)라는 출판사 창업자의 손자였다. 에어하트보다 열 살 위인 퍼트넘은 오리건 벤드 시의 신문을 발행했고, 시장으로 재직하기도 했다. 1차 세계대전에 참전했다가 돌아온 후, 미국 지리학협회의 부탁으로 그린란드를 출발해 북극을 지나 캐나다 배핀 섬까지 탐험하는 원정을 이끌었다. 가업인 출판 사업을 위해서 그는 1927년, 찰스 린드버그의 대서양 횡단 단독 비행의 놀라운 성공 신화를 엮은 《우리We》를 출판하기도 했다.

퍼트넘은 에어하트에게 한 가지 제안을 했다. 두 명의 남자 조종사와 함께 대서양 횡단 비행에 참가해달라는 것이었다. 날씬하고, 예쁘고, 품행이 방정하고, 〈뉴욕 타임스〉에 기사를 써줄 능력도 있는 에어하트는 그가 찾는 '최초의 여성 비행사'로서 적격이었다. 퍼트넘은 에어하트에게 기장 자리도, 비행의 대가로 돈을 주지도 않았지만, 명성을 얻을 기회를 주었다. 대서양 횡단 비행은 성공적이었고, 그녀는 하루아침에 유명 인사가 되었다. 하지만 에어하트에게 이 첫 번째 비행은 많은 아쉬움을 남겼다. 그녀는 자신이 '짐짝 신세'였다고 표현했다. 사실 에어하트는 남자 비행기 조종사와 동승하기만 했을 뿐 비행기 조종은 할 수 없었다.

그럼에도 사람들은 열광했다. 핼리팩스에서 이륙할 때만 해도 평범한 '보스턴 걸'에 불과했지만, 돌아왔을 때는 화려한 브로드웨이 환영 퍼레이드가 그녀를 맞이했다. 이뿐만이 아니었다. 최초 대서양 횡단 비행에 성공한 찰스 린드버그의 이름을 딴 '레이디 린디'라는 애칭과 퍼트넘이 사준 비행기가 그녀를 기다리고 있었다. 그 후로 9년 동안 대공황 시기에도 퍼트넘은 이벤트에 천부적인 재능을 발휘하며 에어하트가 마음껏 날아오르도록 했다. 에어하트는 책을 내고, 강의를 했으며, 홍보 투어를 다녔고, 퍼트넘의 조언에 따라 상품 광고에도 나섰다. 그녀에게는 또 다른 꿈이 있었기에 기꺼이 응했다. 그녀는 비행기를 구입하고 비행할 자금을 마련하려고 했고, 자신이 개척한 길을 따라 더 많은 여성 파일럿이 탄생하기를 바랐다.

퍼트넘과 에어하트는 처음에는 일 때문에 만났지만 결국 연인 관계로 발전했다. 하지만 에어하트는 그토록 불신하던 '매혹적인 새장'으로 들어가려고 하지 않았다. 퍼트넘은 여섯 번이나 청혼한 끝에 마침내 결혼에 골인할 수 있었다. 그렇지만 결혼 당일에 그녀는 퍼트넘에게 '각자의 일과 즐거움을 방해하지 않을 것이며, 서로 행복할 수 없다면 나를 보내달라'며 자유결혼을 요구하는 편지를 보냈다. 사랑이 지속되었는지는 확실히 알 수 없으나 결혼생활 내내 그들은 서로를 존중했다. 에어하트의 표현에 따르면 그들은 "이상적인 동반자 관계…… 쌍방 합의에 의한 만족스러운 체제"를 유지했다.

퍼트넘은 에어하트가 계속 조명을 받도록 힘썼고, 1932년에는 여성 최초로 단독 대서양 횡단 비행을 하도록 도왔다. 이 부부는 할리우드 스타들뿐만 아니라 프랭클린 루스벨트 대통령 부부와도 친구가 되었다. 한번은 어느 유명인 자선 이벤트에 참석한 퍼트넘이 자신을 '미스터 에어하트'라고 소개하기도 했다.

1937년, 서른아홉 살의 에어하트는 또 하나의 비행에 도전하기로 했다. 적도를 따라 지구를 한 바퀴 돌겠다는 목표였다. 그해 6월 1일 그녀는 항법사와 함께 마이애미를 출발했다. 비행을 시작한 지 3주 후 에어하트는 대서양을 횡단하여 아프리카를 거쳐 인도에 도착했다. 그녀는 캘커타에서 퍼트넘에게 전화를 걸어 '인력 문제'가 생겼다고 말했다. 항법사가 알코올 중독이라는 것이었다. 퍼트넘은 비행을 중단하라고 충고했지만 그녀는 자신이 해결하겠다고 우겼다. 그러자 퍼트넘은 가능하면 중요한 라디오 인터뷰가 두 건 잡혀 있는 7월 4일까지는 돌아왔으면 좋겠다고 얘기했다.

7월 2일, 에어하트는 태평양 창공에서 홀연히 사라졌다. 이런 죽음을 예상했던 것일까. 그녀는 생전에 이런 말을 하기도 했다. "나는 내 비행기에서 죽고 싶어요. 한순간에 말예요."

아멜리아 에어하트 Amelia Earhart, 1897~1937
여성 최초로 대서양 횡단에 성공한 비행사. 1928년 남자 조종사 두 명과 20시간 40분간 대서양을 횡단한 첫 비행 이후, 1932년 혼자 비행에 성공해 '하늘의 퍼스트레이디'라는 애칭으로 불리며 미국의 영웅이 된다.

G. P. 퍼트넘 G. P. Putnam, 1887~1950
에어하트의 대서양 횡단을 제안한 출판업자이자 남편.

Charles Bukowski

모두가 부러워할 데뷔

진정한 외로움이란 혼자 있다고 해서 느끼는 것만은 아니다.
— 찰스 부코스키

1940년대 로스앤젤레스에 살던 소년, 존 마틴은 페이퍼백(종이 표지) 혁명으로 손바닥 크기의 얇은 표지 책들이 대중화되기 직전, 하드커버 책을 수집하던 열혈 독자였다.

그로부터 20여 년 후 마틴은 동네 술집에서 잡지를 뒤적이다가 잘 알려지지 않은 찰스 부코스키라는 작가의 글을 읽게 된다. "마치 캄캄한 방에 불이 탁 켜지는 느낌이었습니다." 마틴은 그 순간을 이렇게 표현했다.

그는 즉시 전화번호부 책을 뒤져 그 작가에게 연락했고, 이후 두 사람 모두의 인생을 바꾸어놓을 유대가 형성된다.

마틴은 부코스키의 독특한 재능을 세상과 나눌 방법을 찾겠다는 의지가 확고했다. 1966년, 그는 방대한 소설 초판본들의 컬렉션을 캘리포니아 샌타바버라 대학에 팔았는데 뜻밖에도 그 액수가 그의 꿈을 실현하고도 남을 만큼 컸다. 그해 마틴은 블랙스패로 출판사를 설립한다. 부코스키의 글을 출판하는 게 목적이었다. "사실 출판사가 뭔지도 잘 몰랐어요. 하지만 내가 무엇을 좋아하는지는 잘 알았죠."

부코스키의 재능을 확신했던 마틴은 그에게 직장을 그만두고 전업작가가 되면 어떻겠느냐고 제안했다. 매달 100달러를 지급하겠다는 말도 안 되는 후한 약속까지 했다. 그때 그는 마흔여섯 살의 우체국 직원이었다. 부코스키는 독일에서 온 이민자로 대학을 중퇴하고 스물네 살에 잡지에 첫 단편을 발표했지만 창작의 꿈을 펼치지 못했다. 하급 노동자로 전전하다 우체국에 취직해 12년 동안 우편물을 분류하고 배달하는 일을 하면서 간간이 잡지에 글을 기고했을 뿐이다. 당시 부코스키는 잦은 지각과 결근으로 해고 직전이었으므로 마틴의 제안을 거절할 이유가 없었다.

몇 주 후 부코스키는 그의 첫 번째 소설 《우체국Post office》의 원고를 보내왔다. 이 소설에서 고된 삶 때문에 상처받기 쉽고 다정한 본래 성격을 감추는 작가의 분신, 헨리 치나스키라는 주인공이 처음 등장한다(《우체국》은 이후에 출간된 《팩토텀Factotum》《여자들Women》과 함께 부코스키의 자전 소설 3부작을 이룬다).

마틴은 그 후로도 5년 동안이나 낮에는 사무용품 회사의 인쇄부서 관리 일을, 밤과 주말에는 편집, 원고 발송 일을 하며 이제 막 날갯짓을 시작한 출판사를 돌본다.

남편과 비슷한 영감을 받은 마틴의 아내 바버라는 디자인에 전혀 문외한이었지만 블랙스패로의 책의 표지와 속표지 디자인을 도맡았다. 그녀는 단순한 서체와 그래픽, 다채로운 색을 단순하지만 눈에 띄게 조합해서 광택이 없는 두꺼운 종이에 인쇄했다. 오늘날까지도 블랙스패로의 모든 표지는 이해하기 쉬우면서도 주목할 만한 예술 작품으로 인정받고 있다.

당시는 로스앤젤레스의 활발한 지하 문단이 배출한 새로운 문학 영웅들의 황금기였고, 마틴은 참신하고 재능 있는 인물들의 명단을 알음알음으로, 혹은 친구의 친구 추천을 통해 조직적으로 구축해나 갔다.

부코스키에 대한 뜬소문들은 오히려 그의 작품의 매력을 부각시 켜 판매를 도왔고, 문란한 여자들, 경마꾼, 고되고 단조로운 일에 지 친 사람들에 대한 그의 이야기들은 비트 세대(1950년대 미국 현대 산 업사회를 부정하고 기존 질서와 도덕을 거부하며 문학의 아카데미즘을 반 대한 방랑자적인 문학 예술가 세대 - 옮긴이)와 아웃사이더에 매료된 세 대의 심금을 울렸다.

"그의 책을 읽은 사람들은 그를 난폭한 알코올 중독자로 생각합니 다. 술을 마실 수도 있겠죠. 통제 불능이 될 때도 있겠죠. 그러나 나는 한 번도 그런 모습을 보지 못했습니다. 그는 훌륭한 사람이었습니다. 그와 나는 아주 끈끈한 관계를 지켜왔어요"라고 마틴은 말했다. 부코 스키는 왕성한 집필활동을 통해 60권이 넘는 소설을 발표했다.

마틴은 수백 권의 출판물을 세상에 소개하고 블랙스패로를 문학 계의 기념비적인 위치에 올려놓은 뒤 2002년에 출판사를 매각했다.

"나는 나의 작가들을 성심껏 돌보았고, 나의 작가들을 모두 사랑했습니다." 편집자 시절을 회상하며 마틴은 이렇게 말했다. "하지만 솔직히, 내게 최고는 항상 부코스키였습니다."

찰스 부코스키 Charles Bukowski, 1920~1994
독일 출신 미국 시인이자 소설가. 스물네 살에 첫 단편을 발표하지만 꾸준히 창작 활동을 하지 못하고 오랜 기간 하급 노동자의 삶을 살아간다. 데뷔작《우체국》으로 크게 주목받으면서《팩토팀》《여자들》등을 발표한다.

존 마틴 John Martin, 1930~
무명 작가이던 부코스키를 발굴해낸 출판업자.

Gertrude Ederle

그녀의 인어는 금빛 물살만 가른다

영국 해협을 헤엄쳐 건너고자 수백 명의 남성이 도전했지만
단 다섯 명만이 성공했다. 하지만 에덜리는 힘이 훨씬 더 드는 자유형만
으로 기록을 두 시간이나 단축했다. 이후 여성 선수에 대한 편견이 사라
지기 시작했다.

– 〈스포츠 일러스트레이티드〉

1926년 열아홉 살의 미국 소녀 거트루드 에덜리는 영국 해협을 헤엄쳐 건넌 최초의 여성이었다. 영국과 프랑스 사이에 있는 56킬로미터의 차가운 해협을 14시간 31분 만에 맨몸으로 건넌 이 장면은 20세기 인습을 깬 역사적 장면으로 기록된다. 에덜리는 새로 개발한 크롤 스트로크 영법으로 남성의 기존 기록을 무려 두 시간 차로 제쳤다. 오스트레일리아 크롤 영법을 변형한 더 빠르고 부드러운 이 발차기 영법은 여성수영협회에서 개발한 것이었다. 샬럿 엡스타인이 이 협회의 설립자였다.

여성은 스포츠 경기에 참가할 수 없던 시대에 엡스타인은 그야말로 선구자였다. 법정 속기사로 일하던 그녀는 1917년 맨해튼 로어이스트 사이드의 손바닥만한 수영장에서 여성수영협회를 설립했다. 엡스타인과 동료 비서들, 그리고 주위의 직장 여성들은 수영이 좋은 운동이 된다고 생각했다.

엡스타인은 비록 뛰어난 수영 선수는 아니었지만 수영을 정말 좋아했고, 미국 여성들이 세계대회에 참가할 만한 단체로 키우기 위해 쉬지 않고 노력했다. 이 목표는 여성의 권리를 옹호하는 그녀의 많은 활동과도 잘 맞아떨어졌다. '미국 여자 수영의 어머니'로서 아마추어 경기 연맹이 여자 수영을 공식적으로 지지하도록 이끌어낸 것은 큰 성취였다.

비록 수영복이란 것이 그야말로 장애물 그 자체이긴 했지만(목에서부터 발가락까지 덮는 모직 제품인데다 수영장 밖으로 나올 때는 반드시 가운으로 몸을 가려야 했다), 1917년 당시 여성에게 허용된 유일한 경기 종목이었다. 얼마 뒤 엡스타인은 이사회에 여자 수영 선수들이 (당시에는 거의 '알몸'이라 여겨진) 원피스 수영복을 입을 수 있도록 설득하는 데 성공했다.

엡스타인은 선수들이 수영장 안에서나 밖에서나 좋은 이미지를 보여주기를 바랐다. 숙녀답게 행동하고, 흠 잡을 데 없는 매너를 갖추고, 단정한 옷차림을 하도록 했다. 때로는 어머니를 도와 집안일을 하는 수영 선수들의 모습이 사진에 찍히도록 했다.

1919년, 열세 살 소녀 거트루드 에덜리가 여성수영협회에 들어왔을 때 이 조직은 다음 해에 열리는 올림픽 경기를 위한 훈련과 출전 준비를 순조롭게 밟아나가고 있었다. 이탈리아 태생의 올림픽 선수 출신인 루이스 핸들리는 코치직을 자원해서 여성수영협회를 미국식 크롤 영법을 발전시키고 개선하는 실험의 장으로 삼았다.

그렇게 두 사람은 함께 세계 수영을 영원히 바꿔놓았다. 엡스타인이 만든 최고의 성공작 거트루드 에덜리는 미국식 크롤 영법을 대중화하고 다른 영법들보다 우수하다는 것을 입증했다. 에덜리는 핸들리의 선수들 중에서 가장 빠르고 오랫동안 수영을 할 수 있었다. 열다섯 살에 맨해튼 해변에서 베르겐 해변까지 5.6킬로미터를 헤엄치는 조셉데이컵 대회에 출전하기도 했다. 미국과 영국의 전국대회 우승자 두 명도 출전한 이 대회에서 장거리 수영선수로서 무명이던 그녀는 모두를 제치고 가볍게 우승했다.

조셉데이컵 우승 후 에덜리는 유수의 경기에서도 승승장구하며 전국적으로 유명해졌다. 1921년에서 1925년 사이 그녀는 스물아홉 개의 국내외 아마추어 수영 기록을 보유하게 되었고, 그야말로 가장 사랑받는 스포츠 영웅 중 한 사람이 되었다. 1924년 파리 올림픽에서는 세 개의 메달을 땄다. 그 이듬해 엡스타인은 에덜리를 영국 해협을 건널 수영 선수로 발탁했고, 첫 번째 도전을 위해 함께 영국으로 갔다(그러나 영국 가이드가 중간 지점에서 에덜리의 몸을 건드리는 바람에 실격 판정을 받았다). 에덜리는 다음 해에 다시 돌아왔고, 남자 기록을 갈아치우며 여성도 운동 경기에서 남자들의 적수가 될 수 있음을 입증해 보였다.

에덜리가 미국의 영웅이 되어 돌아왔을 때 200만 명이 넘는 뉴욕 시민들이 거리로 나와 색종이를 뿌리며 그녀의 위업을 진심으로 축하했다.

엡스타인이 코치한 수영 선수들이 수립한 세계 기록만 해도 50개를 넘어섰다. 1930년 〈뉴욕 타임스〉는 이렇게 보도했다. '정말 빠르고 뛰어난 인어들이 그 클럽에서 등장했기에 언젠가 새로운 소녀가 등장해 자신이 차세대 에덜리임을 선언한다 해도 놀랄 일이 아니다.'

거트루드 에덜리 Gertrude Ederle, 1905~2003
1924년 파리 올림픽 금메달리스트이자 29개의 국내외 신기록을 보유한 수영 선수. 1926년 영국 해협을 수영해서 건넌 첫 번째 여자 선수이기도 하다.

샬럿 엡스타인 Charlotte Epstein, 1884~1938
미국 여자 수영계의 대모이자 국가대표 코치.

장애는 변명이 아니다

비록 세상이 고통으로 가득하더라도
그것을 극복하는 힘도 가득합니다.

– 헬렌 켈러

HELEN KELLER

헬렌 켈러가 자신의 인생에서 가장 중요한 날로 회상했던 날은 이렇
게 시작되었다.

1887년 3월 3일, 앤 설리번은 마차를 타고 앨라배마 주 터스컴비
아의 어느 집에 도착했다. 그곳에는 헬렌 켈러라는 여섯 살 소녀가
살고 있었다. 그녀 생애의 첫 직장인 그곳에서 본 광경은 눈멀고 귀
먹은 벙어리 여자아이가 들짐승처럼 온 집 안을 돌아다니며 다른 가
족의 접시에 담긴 음식을 손으로 집어먹고 원하는 것을 갖기 위해
떼를 쓰며 괴성을 지르는 모습이었다.

그 소녀가 설리번이 가르쳐야 할 아이였다. 당시 설리번은 스물
한 살이었고, 이번이 첫 번째 가정교사 직이었다. 그때만 해도 구제
불능으로 보이던 어린 제자가 훗날 영향력 있는 작가, 사회활동가로
성장할 거라고는 꿈에도 생각하지 못했다. 그로부터 49년 뒤 생을
마감할 때까지 그 소녀와 동고동락하는 평생의 친구이자 동반자가
되리라는 건 더욱 상상하지 못했다.

설리번은 1886년 보스턴의 퍼킨스 시각 장애인 학교를 수석으로
졸업했다. 비참한 어린 시절을 견디고 퍼킨스 학교로 진학해서 일군

성과였다. 1866년 4월 14일, 그녀는 매사추세츠 주 아가왐의 가난한 아일랜드 이민자 가정에서 태어났다. 그녀의 이름은 조안나 맨스필드 설리번이었다. 그녀는 트라코마(만성으로 이행하기 쉬운 결막염의 일종 - 옮긴이) 치료를 받지 못해 일곱 살에 시력을 거의 잃게 되었다. 그녀가 여덟 살 때 어머니는 죽었고, 폭력적이던 아버지는 그녀가 열 살이 될 무렵 다섯 아이 중 살아남은 셋을 버렸다. 결핵을 앓던 다섯 살 지미, 세 살 메리, 그리고 앤이었다. 메리는 이모네 집으로 보내졌고, 앤과 지미는 턱스베리의 주정부 빈민구호소로 보내졌다. 그곳에서 지미는 곧 죽었고 앤은 눈 수술을 두 번이나 받았지만 결과는 좋지 않았다.

열네 살이 되자 총명하고 의지가 강한 소녀였던 앤 설리번은 퍼킨스 시각 장애인 학교에 보내달라고 사정했고, 그곳에서 읽고 쓰는 법을 배웠을 뿐만 아니라 몇 번의 눈 수술까지 받아 시력을 크게 회복했다. 또 그녀가 '손가락 철자법'이라고 부른 수화 문자도 배웠다. 청각 장애나 시각 장애가 있는 친구들과 대화하기 위해서였다.

설리번은 헬렌을 가르칠 때도 수화 문자를 활용해서 그 집에 도착한 지 한 달 만에 엄청난 돌파구를 마련했다. 설리번이 펌프의 물을 헬렌의 손에 부어주며 다른 한 손에 물(W-A-T-E-R)이라고 써준 그때가 바로 설리번과 헬렌 켈러의 관계가 시작되는 순간이었다. 이 장면은 이들을 소재로 한 연극과 영화 〈미라클 워커〉의 클라이맥스였다.

"차가운 물이 자기 손 위로 쏟아지자마자 바로 글자를 써주니 아이가 몹시 놀란 것 같았어요." 1887년 4월 5일 설리번은 퍼킨스 시각 장애인 학교의 선생님에게 이렇게 편지를 보냈다. '아이는 컵을 떨어뜨리고 마치 얼어붙은 것처럼 서 있었죠. 아이의 얼굴에 새로운 빛이 비쳤어요.'

헬렌은 설리번의 지도를 받으며 잘 성장했고, 1900년 래드클리프 대학으로부터 입학 허가를 받았다. 설리번은 헬렌의 모든 수업에 따라 들어가 강의 내용과 교과서를 그녀의 손에 써주었다. 그리고 1904년에 헬렌은 영광스러운 졸업을 했다.

헬렌 켈러는 미국에서 시각 장애와 청각 장애를 딛고 문학 석사 학위를 취득한 최초의 인물이었다. 래드클리프 대학에서 헬렌은 자서전을 써서 1903년에 출판했다. 설리번과 헬렌의 친구인 하버드 대학 강사 존 A. 메이시가 편집을 도왔다. 그와 설리번은 사랑에 빠졌고, 1905년에 결혼해서 세 사람이 함께 살았다. 그러나 몇 년이 채 안 돼 결혼생활은 삐걱거렸고, 1914년부터 따로 살았지만 끝까지 이혼은 하지 않았다.

설리번과 헬렌은 함께 여러 곳을 다니며 강의를 했고, 장애인을 위한 사회활동을 했으며 미국 시각 장애인 재단을 위한 기금을 모금했다.

1936년 10월 20일, 설리번은 뉴욕 포레스트 힐스의 집에서 심장마비로 생을 떠났다. 그녀의 나이 일흔 살이었고, 눈멀고 혼수상태에 빠진 그녀의 손을 헬렌 켈러가 꼭 붙들고 있었다.

헬렌 켈러가 "만약 기적이 일어나 내가 사흘 동안 볼 수 있게 된다면, 가장 먼저 어린 시절 나에게 다가와 바깥세상을 활짝 열어 보여주신 설리번 선생님의 얼굴을 오랫동안 바라보고 싶습니다"라고 했던 선생님은 49년 동안 그녀 곁을 지키다 그렇게 영영 떠났다.

헬렌 켈러 Helen Keller, 1880~1968
미국의 작가이자 사회사업가. 태어난 지 19개월 만에 열병을 앓고서 시력과 청력을 잃었으나, 일곱 살에 가정교사 앤 설리번을 만나 세상을 깨닫기 시작했다. 1899년 하버드 부속 래드클리프 대학에 입학하고 1904년 하버드 대학을 졸업해 세계를 깜짝 놀라게 했다. 이후 장애인들에게 희망과 복음을 심어주는 활동을 펼쳐나간다.

앤 설리번 메이시 Anne Sullivan Macy, 1866~1936
헬렌 켈러가 마음으로 세상을 받아들일 수 있도록 늘 함께한 가정교사.

Dirk Nowitzki

즐겨야 이긴다

노비츠키의 스타일은 단순히 기술만 습득한 것이 아니었다.
연습 중 그를 감싸며 흐르는 격렬한 음악에 맞춰 움직일 수 있었기에
어떠한 상황에서도 능수능란하게 대처할 수 있었다.
그 결과 11회 연속 올스타 게임 출전과 리그 MVP를 거머쥐었다.
– 본문 중에서

"차별성을 갖춘 완벽한 계산을 뽑습니다. 시작점을 잡고 커브를 창조합니다."

〈타임〉의 기자가 홀거 게슈빈터에게 이상적인 농구 슛을 어떻게 이론화했냐고 물었을 때 그가 한 대답이다. "누구든지 할 수 있어요." 물론 누구나 할 수 있는 일이 아니다. 실력 있는 선수들 중에서도 이를 시도해본 사람은 드물다. 그러나 게슈빈터는 이 우아하고, 아름답고 기묘한 종목의 연구를 평생의 과제로 삼았다.

게슈빈터는 전후 독일에서 농구와 사랑에 빠졌다. 어렸을 때는 몰래 미군 리그를 보러 다니기도 했고, 미술 선생님의 도움으로 경기에서 뛰게 되었다. 그는 아마추어 스타가 되었고, 1972년 뮌헨 올림픽에 주장으로 참가했으며, 독일의 1부 리그에서 마흔한 살까지 선수 생활을 했다. 은퇴한 후에는 재미삼아 3부 리그에 들어갔다. 이 초라하기 짝이 없는 농구 인생의 후반전에서 경기를 한 번 뛰려면 고등학생들이 경기를 마칠 때까지 기다려야 했다. 3부 리그란 취미로 하는 동호회 리그보다는 훨씬 공식적이었지만 그렇다고 프로 리그라고 말하기는 낯간지러운 그런 곳이었다.

어느 날 게슈빈터는 경기를 기다리다가 '좋은 선수가 갖춰야 할 기량을 모두 갖춘' 키 크고 마른 한 아이를 발견했다. 때는 1997년, 독일의 슈바인푸르트에서 만난 그 아이는 더크 노비츠키였다. 게슈빈터는 노비츠키에게 다가가 다짜고짜 누구 밑에서 훈련을 받고 있냐고 물었다.

노비츠키는 그를 경계했다. "미친 사람인 줄 알았어요." 2012년 〈슈피겔〉과의 인터뷰에서 노비츠키가 한 말이다. 얼마 뒤 독일 국가대표 출신인 어머니로부터 게슈빈터가 전직 독일 농구 국가대표 선수라는 것을 알게 되었고, 노비츠키는 게슈빈터와 함께 선수 경력을 위한 7단계 훈련에 돌입한다.

첫 만남으로부터 2년 후, 노비츠키는 NBA 드래프트에서 전체 9순위로 지명되었다. 2년이라는 시간 동안 노비츠키는 슈팅과 패스 기술만 완벽하게 연마한 것이 아니라―여기서 '완벽'하다고 한 것은 NBA에서 그와 같은 체구로서는 선례가 없는 최고의 슈터였음을 뜻한다―폭넓은 자기계발 훈련까지 소화해냈다. 이는 단순한 코칭 시스템 이상이었다. 게슈빈터는 '농구를 어떻게 해야 하는가'뿐만 아니라 '농구 선수는 어떤 사람이 되어야 하는가'를 중요하게 여겼다. 언뜻 봐서는 태평스러운 아이로만 보였던 노비츠키에게서 그는 자신의 제자를 발견해냈던 것이다. 이는 게슈빈터가 전적으로 혼자 터득한 농구의 비전, 즉 이론에 기반을 두면서도 직관에 의해 즉석에서 완성되는 그만의 농구 비법과 노비츠키가 계약을 맺었음을 의미한다.

"저는 형이상학을 공부했습니다. 완전히 다른 분야에서 온 사람인 거죠." 농구 잡지 〈슬램〉과의 인터뷰에서 게슈빈터는 이렇게 말했다. "체육교육학에 대해 공부한 적이 한 번도 없었어요. 그러니 나만의 방식을 찾아야 했죠." 그래서 그는 노비츠키에게 물리학 책도 주고 시집도 보여주고, 여러 가지 다양한 악기를 배우게 했으며 바그너의 오페라 〈파르지팔〉도 보러 가게 했다. 그는 이렇게 막 시작한 농구 교실을 '난센스 응용 교실'이라고 불렀다. "우리가 하는 모든 것들이 죄다 말도 안 되는 짓이었으니까요. 한마디로 난센스였죠."

"한번은 훈련 중에 어니라는 코치님 친구 분이 나타나 갑자기 색소폰을 불기 시작했고, 저는 그 음악에 맞춰 뛰어야 했어요. 그때 제 표정이 어땠을지 상상이 가세요?" 2012년 〈슈피겔〉과의 인터뷰에서 노비츠키가 게슈빈터에게 묻자 그는 이렇게 대답했다. "난 자네가 농구를 그저 도식적인 일련의 동작으로만 보지 않길 바랐거든."

이 시기에 노비츠키는 정확하면서도 독특한 그만의 농구 스타일을 만들어냈다. 그는 르브론 제임스를 제치고 자신의 팀을 NBA 챔피언 자리에 올려놓았고, 11회 연속 올스타 게임 출전과 리그 MVP를 거머쥐었다.

노비츠키의 스타일은 전적으로 게슈빈터의 작품이라기보다 그 자신의 노력이 더해졌기에 가능한 것이었다. 노비츠키는 독립된 인격체이고 선수이지만, 그는 분명 그의 멘토가 상상했던 모습의 선수가 되었다. 게슈빈터가 가르쳐준 동작들을 단순히 수행해서 그렇게 된 것이 아니라 경기 중에 흐르는 격렬한 음악에 맞춰 봄을 움직일 수 있게 되었기 때문이다. 농구라는 스포츠에 깔려 있는 리듬, 게슈빈터가 사랑에 빠졌던, 그래서 노비츠키가 들을 수 있도록 도와주었던 그 리듬 말이다.

더크 노비츠키 Dirk Nowitzki, 1978~
독일 출신 NBA 농구 선수. 1998년부터 댈러스 매버릭스에서 포워드로 활약 중이다. 2002년 세계 농구 챔피언십 MVP를 포함하여 지금까지 11회 연속 NBA 올스타전에 출전했다.

홀거 게슈빈터 Holger Geschwinder, 1945~
농구에 빠지는 것이 아니라 농구를 즐길 수 있도록 제자를 가르친 명코치.

나에겐 꿈이 있습니다

당신이 먼저 등을 구부리지 않으면
누구도 당신 등에 올라타지 못할 것이다.
— 마틴 루서 킹 주니어

마틴 루서 킹 목사는 위대한 비폭력 인권운동가로 기억된다. 그의 곁에는 공개적인 동성애자이자 평화주의자였던 조언자 베이어드 러스틴이 있었다.

러스틴의 평화주의는 퀘이커 교도의 가정교육에서 시작되었고, 그의 평생에 걸쳐 강한 흐름으로 이어졌다. 1912년 펜실베이니아 주 웨스트체스터에서 태어난 러스틴은 고등학교 풋볼 팀과 여행하던 중 펜실베이니아 미디어 지역의 식당에서 서비스를 거부당한 후 차별에 맞서 싸우기로 결심한다.

1987년 〈뉴욕 타임스〉에 실린 그의 사망 기사는 그 사건 당시 러스틴의 반응을 이렇게 싣고 있다. "나는 한동안 그저 앉아만 있었습니다. 그리고 결국엔 쫓겨나고 말았습니다. 바로 그 순간, 나는 인종차별을 용납하지 않겠노라고 굳게 결심했습니다."

러스틴이 킹 목사를 처음 만난 것은 1956년 몽고메리 버스 승차 거부운동(한 흑인 여성이 백인 승객에게 버스 자리를 양보하지 않아 체포된 사건으로 촉발된 시민운동 – 옮긴이)을 돕기 위해 앨라배마에 갔을 때였다. 킹 목사는 그해 1월 집에 폭탄이 날아든 이후 무장 경호원들을 집 앞에 세워두고 있었다. 이때 그에게 총을 버리고 대신 비폭력으로 맞서라고 설득한 사람이 러스틴이었다.

러스틴은 작가로서, 사상가로서, 전략가로서 인권운동의 큰 인물이 되었다. 그는 킹 목사의 조력자이자 멘토로서 영향을 미쳤고, 1963년 흑인의 일자리와 자유를 위한 워싱턴의 위대한 평화행진(미국 역사상 가장 큰 규모의 인권 집회 중 하나. 마틴 루서 킹이 링컨 메모리얼 앞에서 인종 차별 철폐를 주장하며 '나에겐 꿈이 있습니다(I have a dream)'라는 유명한 연설을 했던 집회 – 옮긴이)을 조직한 핵심적인 인물이었다. 그럼에도 그의 이름이 대중들에게 잘 알려져 있지 않은 까닭이 있다.

러스틴은 동성애자로 1953년 반동성애법에 의해 체포되었다. 동성애가 불법 행위였던 당시 그의 성정체성은 평화주의자, 시민운동 활동가들에게도 비판을 받았으며, 반대 진영에서는 비도덕적인 변태라며 비난을 퍼부었다. 1941년까지 미국 공산당 활동을 했던 이력 또한 그를 공격하는 단골 소재였다. 여러모로 그의 이력은 대중의 리더로 나서기엔 너무나 큰 걸림돌이 되었다.

그는 막후에서 킹 목사의 메시지를 만드는 것을 도왔다. 역사가 피터 드레이어는 이를 원거리 조언자 관계로 묘사했다. 전화 통화로, 쪽지로, 러스틴이 그를 대신하여 쓴 글이나 책을 통해서. 심지어 러스틴은 〈리버레이션〉 1956년 4월호에 실린 몽고메리 버스 승차거부운동에 관한 킹 목사의 글을 대필해주기도 했다. 이는 킹 목사가 첫 번째로 공식 발표한 글이었다.

러스틴은 킹 목사가 인권운동에 꼭 필요한 정신적인 지도자가 될 수 있을 것이라 믿고, 정치적인 문제보다 인종 차별 뒤에 있는 도덕적인 사안들에 더 집중하라고 조언했다. 뿐만 아니라 킹 목사가 경제적 불평등 문제에도 관심을 갖도록 독려했고, 이는 1963년 워싱턴 평화행진의 주요 쟁점이 되었다.

전미 유색인종 지위향상협회는 만약 러스틴이 워싱턴 행진의 지도자로 나서면 그가 1953년 반동성애법에 의해 체포된 경력이 걸림돌이 될지 모른다고 우려했다. 그래도 그의 오랜 멘토였던 필립 랜돌프는 러스틴에게 직책을 주자고 주장했고, 결국 랜돌프가 행진 의장을 맡고 러스틴이 부의장이 되었다. 하지만 실질적인 지휘를 맡은 사람은 러스틴이었다.

《잃어버린 예언자*Lost Prophet: The Life and Times of Bayard Rustin*》를 쓴 존 데밀리오는, 8월의 그 뜨거웠던 날을 앞둔 몇 주는 "러스틴의 인생에서 가장 바쁜 날들"이었다고 적고 있다. 그날 일자리와 평등을 외치며 20만 명의 인파가 내셔널 몰 앞으로 모여들었다. 행진은 성공적이었다.

수십 년이 흐른 후 러스틴은 그날의 역할에 대해 마침내 제대로 인정을 받게 되었다. 2013년 그는 이미 세상을 떠난 후였지만, 미국의 첫 번째 흑인 대통령인 버락 오바마로부터 미국 최고 시민상인 대통령 자유훈장을 수여받았다.

마틴 루서 킹 주니어 Martin Luther King Jr., 1929~1968
위대한 비폭력 인권운동가이자 침례교 목사. 1968년 암살당하기까지 비폭력 공민권 운동의 지도자로 활약했다. 1964년 노벨 평화상을 수상했다.

베이어드 러스틴 Bayard Rustin, 1912~1987
킹 목사가 인권운동을 위한 영적 지도자가 될 수 있음을 믿고 따른 작가이자 사상가이면서 전략가.

Part 4

서포터

가장 귀중한 재산은 헌신적인 친구다

Rolling Stones

....

5인조 밴드의 여섯 번째 멤버

원하는 것을 항상 손에 넣을 수 있는 것은 아니다.
때로는 필요한 것이 대신 들어온다.

– 믹 재거

"꼭 광부같이 생겼잖아!"

롤링 스톤스의 새 매니저가 된 앤드류 루그 올덤이 이언 스튜어트를 밴드에서 쫓아내야 한다며 한 말이다. 스튜어트의 외모가 롤링 스톤스의 거친 악동 이미지와 어울리지 않는다는 것이었다.

이언 스튜어트는 초기 멤버로서 밴드가 결성되는 데 큰 역할을 했고 피아노 연주 실력도 뛰어났다. 당시 밴드에서 유일하게 전화기를 가진 멤버였기 때문에 공연 예약을 도맡아 처리했고, 멤버들을 공연장까지 실어 나르기 위해 밴을 구입해 운전기사 노릇까지 했다.

하지만 인기와 음반 계약에 사활을 걸고 있던 다른 멤버들은 나이도 많고 체구도 크고, 옷차림에 전혀 신경을 쓰지 않으며, 어릴 적 앓은 병 때문에 아래턱이 나온 이언 스튜어트를 퇴출시키겠다는 앤드류 루그 올덤의 결정에 따를 수밖에 없었다.

그렇게 정식 멤버에서 로드 매니저로 쫓겨나는 황당한 일을 겪은 스튜어트는 어떤 반응을 보였을까. 키스 리처드는 이렇게 회고했다. "나 같았으면 '에라, 엿 먹어라!' 했을 텐데 그 친구는 '그래, 운전은 내가 해줄게'라고 했어요. 대인배가 아니고는 그렇게 못하죠."

롤링 스톤스는 1962년 런던에서 결성된 록밴드다. 새로운 매니저는 당시 최고 인기를 끌던 비틀스와 차별화하기 위한 전략으로 나쁜 남자 이미지를 보여주기로 했다. 롤링 스톤스는 파격적인 의상과 긴 머리 스타일로 반항적인 이미지를 구축하였고, 수많은 곡을 히트시켰다. 하지만 롤링 스톤스의 화려한 성공 뒤에는 묵묵히 그들에게 헌신한 전임 멤버 이언 스튜어트가 있었다. 스튜어트는 무대에 설 수 없었지만 앨범 작업에 거의 참여하였고, 공연 때면 여전히 운전기사 노릇을 했다.

믹 재거는 이렇게 말했다. "우리가 만족시키고 싶었던 딱 한 사람이 이언이었어요. 곡을 쓰거나 노래를 연습할 때 그가 칭찬해주길 바랐어요. 그 친구가 좋아해주면 안심이 되었죠."

1960년대 후반에는 공연장에서 그의 모습을 볼 수 있었다. 그는 잠깐 기타를 튜닝하고는 곧 스피커 사운드를 조정하고, 자기가 좋아하는 빠른 템포의 재즈풍 노래가 나올 때면 느릿느릿 피아노 쪽으로 걸어갔다.

공연이 끝나고 무대를 철거하고 나면 스튜어트는 피아노를 맨 마지막에 옮겼다. 그전에 그는 텅 빈 공연장에서 마치 환호하는 수천 명의 관중들이 있는 것처럼 열정적으로 피아노를 연주했다.

투어를 다닐 때면 이름 모를 재즈 앤드 블루스 클럽을 찾는 것을 더 선호하던 스튜어트는 다른 멤버들이 마약을 복용하고 질펀하게 즐기는 것을 싫어했지만 그래도 여전히 그들의 친구로 남았다. 스튜어트는 멤버들이 불평을 하거나 말거나 숙소를 잡을 때 시내에서 멀리 떨어진 한적한 외곽의 호텔을 예약하곤 했다. 소녀 광팬들을 만나러 가기엔 너무 멀어 멤버들이 좌절하는 동안 스튜어트는 미친 듯이 골프를 쳤다.

스튜어트는 그들과 오랜 우정을 유지했고, 밴드가 결성되기 전에 살던 동네를 절대로 떠나지 않았다. 그리고 이렇게 말했다. "나는 로큰롤을 삶의 방식으로서는 좋아하지 않아요. 오히려 끔찍하다고 생각하죠. 로큰롤로 먹고사는 사람들 대부분은 환상의 세계에 붕 떠서 살고 있어요."

"이언은 우리가 돈도 너무 많이 받고, 방탕하게 산다고 생각했어요. 근데 그 생각이 맞았던 것 같아요"라고 훗날 찰리 워츠는 말했다.

1985년 롤링 스톤스가 〈더티 워크〉 앨범을 한창 녹음하던 시기에 스튜어트는 멤버들 곁을 영원히 떠나갔다. 병원 대기실에서 진료를 기다리던 중 갑자기 심장마비를 일으켜 죽었던 것이다.

"난 늘 이언이 우리 관 위에 흙을 뿌려줄 사람이라 생각했는데……." 키스 리처드가 그의 죽음이 믿기지 않는다는 듯 말했다.

"그는 밴에 짐을 싣고, 우리를 데리러 오고, 새벽 여섯 시에 집에 데려다주었어요. 몇 년 동안 그렇게 살았죠. 아마 그게 그 친구 건강을 상하게 했을지 몰라요. 롤링 스톤스에 뼈 빠지게 헌신한 게 그 친구가 죽은 이유라고 나는 믿어요"라고 빌 와이먼은 말했다.

롤링 스톤스가 로큰롤 명예의 전당에 헌액되었을 때 멤버들은 이언 스튜어트의 이름도 올려달라고 요구했다.

훗날 리저드는 이렇게 말했다. "롤링 스톤스는 그 친구의 밴드라고 생각합니다. 이 밴드는 바로 그 친구의 비전이었어요."

롤링 스톤스 The Rolling Stones, 1962~
블루스를 기반으로 로큰롤을 구현하는 영국의 록밴드. 데뷔 때부터 단정한 비틀즈와는 반대로 '나쁜 남자' 이미지를 차용해 큰 인기를 누렸다. 인종 차별이 심했던 당시 흑인 음악을 표현함으로써 음악계에 지대한 공헌을 했다.

이언 스튜어트 Ian Stewart, 1938~1985
초창기 롤링 스톤스에서 피아노 담당. 밴드 색깔에 어울리지 않는다는 이유로 탈퇴를 권유받았으나 오히려 밴드의 로드 매니저로 활동한 여섯 번째 멤버.

Harper Lee

·····································

퓰리처상을 위한 1년치 월급

패배할 것을 알면서도 어쨌든 새로 시작하고 끝까지 해내는 것,
그것이 바로 용기다.
– 《앵무새 죽이기》 중에서

HARPER LEE

무명의 작가 하퍼 리를 일약 베스트셀러 작가로 만든 것이 어느 해 친구로부터 받은 크리스마스 선물 덕분이라고 하면 지나친 과장일까.

미국 앨라배마 주 먼로빌에서 태어난 하퍼 리는 지방 공립학교를 다닌 후 헌딩턴 여자대학과 앨라배마 대학 로스쿨에 다녔다. 교환학생 자격으로 옥스퍼드 대학에서 1년간 공부하기도 했다. 변호사인 아버지의 영향으로 로스쿨에 입학했으나 법률을 '혐오'하게 되어 로스쿨을 그만둔 리는 전업작가가 되기 위해 뉴욕으로 건너갔다. 그러나 작가 수입만으로 생계를 꾸리기 어려웠던 그녀는 낮에는 항공사에서 일하고 밤에는 글을 썼다.

하퍼 리는 미래의 후원자 마이클 브라운을 뉴욕에서 만났다. 브로드웨이 작가 마이클 브라운은 친구 트루먼 카포티(나중에 소설가가 된다)를 통해 알게 되었다. 리와 카포티는 이웃이었고, 동창이었으며 앨라배마 주 몬로빌에서 어린 시절을 함께 보낸 절친이었다. 카포티는 브라운에게 이 수줍음 많은 스물세 살 친구를 잘 돌봐달라고 부탁한다.

1949년에 처음 만난 후 두 사람은 소문난 단짝이 되었다. 둘 다 남부 출신의 문학광인 데다 뉴욕이라는 정글에서 창작예술로 자리 좀 잡아보려는 처지였기에 통하는 구석이 많았다.

마이클 브라운은 텍사스의 작은 마을 출신으로 2차 세계대전에 참전했고, 뉴욕으로 이주한 뒤로는 작곡가와 작사가로 자리 잡기 위해 임시직을 전전했다.

〈크레이터 판사 실종 사건〉과 〈도끼 살인 용의자 리지 보덴〉같이 실제 사건을 다룬 이야기로 성공을 거두면서 그는 승승장구하기 시작했다. 브라운은 눈부시게 아름다운 발렌신 미국 발레학교 출신 발레리나 조이 윌리엄스에게 홀딱 반했고, 마침내 두 사람은 결혼했다.

리는 맨해튼에 사는 브라운 부부에게 늘 환영받는 손님이었다. 그들의 우정은 날로 따뜻해지고 견고해졌으며 거의 가족이나 다름없이 지냈다. "공통의 관심사를 가졌을 뿐만 아니라 그들의 사랑이 나를 그들에게 다가가게 했어요"라고 리는 말했다. "우리는 같은 책, 같은 공연, 같은 영화, 같은 음악을 즐겼고, 웃음의 코드마저 같았어요."

무엇보다 브라운 부부는 리의 작가적 재능을 굳게 믿었다.

마이클은 그녀의 작품을 '통찰력이 뛰어나다'고 평했고 이런 말을 하기도 했다. "그녀는 뼛속 깊이 작가다. 그저 감탄스러울 따름이다."

하지만 작가로 산다는 것은 결코 만만치 않은 일이었다. 리는 먹고

살기 위해 항공회사에서 예약 담당 일을 해야 했다. 브라운 부부가 보여주는 우정에 위안을 얻기는 했지만 직장에 다니며 작가 생활을 병행하기는 어려웠다. 그녀는 늘 글을 쓸 시간이 있었으면 하는 바람이 간절했다.

이번에도 브라운 부부가 그녀의 수호천사가 되어주었다. 1956년 가을 무렵, 마이클 브라운은 〈에스콰이어〉 잡지사의 프로덕션에 극을 써주고 제법 많은 돈을 벌었다. 하퍼 리에게 멋진 크리스마스 선물을 보내자고 제안한 것은 그의 아내였다. "우리에게 이런 돈이 생겼으니 하퍼가 일을 쉬게 해주면 어떨까요?"

크리스마스 날, 하퍼 리는 브라운 부부로부터 편지 한 통을 받았다. 그 안에는 크리스마스 인사와 함께 1년치 생활비가 들어 있었다. "직장을 그만두고 1년 동안 쉬면서 네가 쓰고 싶은 글을 마음껏 썼으면 좋겠어. 메리 크리스마스!"

그때만 해도 브라운 부부는 그들이 얼마나 큰 선물을 했는지 몰랐을 것이다. 그렇게 해서 집필한 책이 미국 사회에 큰 반향을 불러일으키고 시민운동의 담론을 촉발하리라는 것을 말이다.

리는 브라운 부부의 통 큰 선물을 고맙게 받았다. 그녀는 직장을 그만두고 1년 동안 집필에 전념해《앵무새 죽이기》초고를 완성할 수 있었다. 1960년 하퍼 리의 첫 소설이자 유일한 이 소설은 출간되자마자 베스트셀러가 되었다. 무엇보다 인종 차별에 용기 있게 도전하여 비평가와 대중으로부터 찬사를 받았다.《앵무새 죽이기》는 미국에서 가장 널리 읽힌 책 중 하나로, 1961년 퓰리처상을 수상했으며 3,000만 부 넘게 팔렸다.

하퍼 리 Harper Lee, 1926~
1961년 퓰리처상을 수상한 미국 작가. 항공사 예약 담당 직원으로 근무하며 작가의 꿈을 이어갔다. 대표작으로《앵무새 죽이기》가 있으며, 2015년 55년 만에 신작이 출간될 예정이다.

마이클 브라운 Michael Brown, 1920~ **조이 브라운** Joy Brown, 1927~
리의 작가적 재능을 믿었기에 1년치 생활비를 선뜻 주고 한결같이 응원을 보낸 친구 부부.

$17
General Store
1837
On every winter's night
at my stove no matt
how inclement the
Speed
KTW

Abraham Lincoln

대통령의 룸메이트

진실은 모함에 맞서는 최고의 해명이다.
– 에이브러햄 링컨

ABRAHAM LINCOLN

1837년 4월의 어느 날, 조슈아 스피드의 스프링필드 상점에 에이브러햄 링컨이 들어섰다. 침대, 매트리스, 시트, 베개를 사기 위해서였다. 당시 스물두 살이었던 스피드는 70명이 넘는 노예를 부리는 켄터키 주의 농장에서 성장했다. 그는 일하지 않아도 될 만큼 부유했지만 일리노이 주로 건너와 부동산에 투자하고 상점을 개업했다. 스피드는 스물여덟 살의 링컨의 첫인상을 이렇게 기억했다. "볼품없고 어깨가 약간 굽어 있었다. 두 눈은 회색이었고 얼굴과 이마에는 주름이 있었다. 전체적으로 그는 아주 슬퍼 보이는 남자였다."

링컨은 침대 값 17달러를 연말에나 갚을 수 있을 것 같다고 말했다. 그것도 새로 시작하는 변호사 일이 잘될 경우에나 가능하다고 했다. "이 일이 잘 안 되면 외상 빚을 갚을 수 있을지 잘 모르겠습니다"라고도 했다.

"얼마 안 되는 돈 때문에 너무 괴로워하는 것 같네요." 스피드는 이렇게 말하고 대안을 제시했다. 빚을 갚지 못할까 봐 불안해하는 '괴로운' 남자에게 자신의 룸메이트가 되면 어떻겠냐고 물었던 것이다. 링컨은 상점 위층의 침대 하나짜리 침실을 둘러보고 나서 좋다고 했다. 그렇게 두 사람은 한 침대를 같이 쓰게 되었는데 당시에는 흔한 일이었다.

겨울이 되자 링컨은 매일 밤 한 무리의 사람들을 그 집으로 불러들여 정치를 비롯하여 온갖 주제에 대해 길고긴 대화를 나누곤 했다. 세월이 흐른 뒤 링컨의 일화들에 관한 강연을 할 때면 스피드는 링컨이 '정당에 따른 차별 없이' 그 누구와도 대화를 할 수 있는 사람임을 강조했다. 하지만 "날씨가 아무리 궂어도 겨우내 밤이면 밤마다 내 집 난롯가에 열 명쯤 되는 선택받은 영혼들이 모여들었다"고 얘기할 때는 어쩔 수 없이 목소리에 약간의 짜증이 묻어났다. 그럼에도 불구하고 두 남자는 수년 동안 함께 방을 썼고 평생지기로 남았다.

1840년에서 1841년으로 넘어가던 겨울, 링컨은 변호사 일에 더 집중하기 위해 메리 토드와 파혼하기로 결심했다. 그는 편지를 한 통 써서 스피드에게 전해달라고 부탁했지만 스피드는 이런 편지는 직접 만나서 전하는 게 좋겠다며 거절했다. 결국 링컨은 자신이 직접 전달하기 위해 용기를 그러모았다. 그 무렵 스피드는 아버지가 돌아가시고 혼자가 된 어머니를 돌보기 위해 고향으로 돌아가기로 마음먹고 있었다. 하지만 링컨이 메리 토드와 결별하고 친구마저 잃는다는 생각에 몹시 우울해하자 결국 링컨 곁에 남기로 했다. 나중에 한 얘기지만 그때 링컨은 제정신이 아니었고 스피드는 링컨 방에 있는 면도날과 칼을 모조리 치워야 했다. 스피드는 친구에게 지금 정신을 차리고 기운을 되찾지 않으면 죽을 수도 있다고 충고했다. 그러자 링컨은 자신이 기억될 만한 일을 하나라도 했다면 죽는 게 두렵지 않을 것이라고 대답했다. 그로부터 20년 후 링컨은 친구에게 이 대화를 상기시키며 노예 해방을 자신의 삶의 목표로 삼고 싶다고 말했다.

"1863년 1월 1일부터 노예 상태에 있는 모든 사람들은 영원히 자유의 몸이 될 것이다." 미국의 제16대 대통령은 아직 남북전쟁이 한창이던 때 이렇게 시작되는 노예 해방 선언을 발표했다.

스피드는 링컨에게 인생과 정치의 조언자가 되어 그의 곁을 지켰다. 남북전쟁 준비 기간에는 자신의 고향인 켄터키 주 사람들의 성향에 대해서도 조언을 해주었다. 그는 내각의 여러 자리를 제안받았지만 모두 거절했고, 그의 형인 제임스 스피드가 링컨의 세 번째 법무장관으로 재임했다.

스피드가 링컨을 마지막으로 본 것은 백악관에서였다. 서부 펜실베이니아에서 징병 기피 혐의로 수감된 두 남자의 어머니를 링컨이 만나고 있는 모습을 지켜보았다. 링컨을 대하는 두 여자의 태도가 불손했지만 면담이 끝날 무렵 대통령은 수감된 서부 펜실베이니아의 징병 기피자 스물일곱 명을 모두 사면하겠다고 말했다. 그러자 에드윈 스탠튼 육군장관이 사임하겠다고 했지만 뜻을 굽히지 않았다. "그 불쌍한 친구들은 이미 충분히 고통을 받았습니다"라고 링컨은 말했다.

얼마 후 두 친구가 나란히 앉았다. 링컨은 두 어머니 중 한 여자가 거짓말을 하는 것 같다고(실은 투옥된 남자의 아내였다), 또 자신의 건강이 조금 염려된다고 친구에게 속마음을 털어놓았다. 링컨은 유독 추워하며 땀을 흘렸다.

2주 후 스피드와 한 방, 한 침대를 썼던 옛 친구는 워싱턴의 한 극장에서 연극을 관람하던 중 남부 출신 배우에게 저격당해 이튿날 사망했다. 1865년 4월 15일의 일이었다.

에이브러햄 링컨 Abraham Lincoln, 1809~1865
노예 해방을 선언한 미국의 제16대 대통령. 남북전쟁 당시 북군을 지휘하였다. 대통령에 재선되었으나 이듬해 암살당한다. 게티즈버그 연설에서 '국민의, 국민에 의한, 국민을 위한 정부'라는 불멸의 명언을 남겼다.

조슈아 스피드 Joshua Speed, 1814~1882
룸메이트라는 인연으로 시작해 삶과 정치 조언자가 되어 링컨을 가장 가까이에서 보필한 친구.

때론 속기사, 때론 비서로 활약한 노예

용기 있는 자로 살아라. 운이 따라주지 않는다면
용기 있는 가슴으로 불행에 맞서라.

– 마르쿠스 툴리우스 키케로

고대 로마의 정치가 마르쿠스 툴리우스 키케로는 뛰어난 행정 능력과 탁월한 웅변술로 유명하다. 그는 항상 웃는 얼굴이었고, 중요한 인사의 이름이며 집, 가족관계 등 시시콜콜한 정보를 외워 대화에 적절하게 이용함으로써 상대를 자기편으로 만들 줄 아는 사람이었다. 그의 윤리학과 자연법 개념은 중세 기독교 철학의 토대를 마련했으며, 뛰어난 문장가, 철학자, 사상가, 공화주의자로서 시대를 뛰어넘어 계몽주의 철학자들에게 영감을 주었고, 미국 건국의 아버지들에게 입헌 민주주의의 비전을 제시했다. 그러나 로마의 가장 위대한 이 정치가는 박식한 노예 티로가 없었더라면 제국의 멸망과 함께 묻혀버렸을지도 모를 일이다. 티로는 주인의 말 한마디 한마디를 충실히 기록했고, 더 완벽을 기하기 위해 일종의 속기 형식까지 고안해냈다.

기록에 따르면 티로는 로마 외곽 지역의 키케로 집안에서 기원전 103년에 태어난 것으로 되어 있다. 키케로의 집은 유복하긴 했으나 귀족 가문은 아니었다. 재능과 야망이 그를 로마 권력의 최고 지위에 올려놓은 것이었다.

그는 법정 변호사로 시작해서 상원의원, 집정관을 지냈고 나중에는 카이사르와 대적하는 위치에까지 올라갔다. 하지만 카이사르가 암살된 뒤에 안토니우스를 탄핵한 후 원한을 샀고, 결국 안토니우스의 부하에게 암살되었다.

기록 보관인이자 서기로서 티로는 통치와 철학에 관한 주인의 방대한 생각들을 기록했다. 그 덕분에 어떻게 정치권력을 공유하고 균형을 유지해야 하는가에 대한 키케로의 생각들이 보존되었고, 미국 국부들이 미합중국의 헌법을 창시하느라 분투하던 때에 그것을 참고할 수 있었다.

키케로가 웅변술이라는 무기를 무너져가는 제국의 부패와 독재를 향해 겨누었을 때 티로는 주인의 말을 지키고 전파하는 데 몸 바쳐 헌신했다. 주인이 유창하게 연설하는 동안 한마디도 놓치지 않고 빨리 기록하기 위해 티로는 4,000개의 부호로 이루어진 상징 문자를 개발했다. 그는 철필(쇠로 만든 바늘 형태의 필기구 – 옮긴이)을 이용해 밀랍 판에 기록한 후 파피루스에 영구적인 사본을 만들었다.

티로는 키케로보다 몇 살 아래였고, 아흔 살을 훌쩍 넘어서까지 장수하긴 했지만 평소 건강이 좋지 않아 고생을 많이 했다. 키케로가 티로의 건강을 염려했던 것을 보면 그가 티로를 한낱 비서로만 보지 않고 소중한 친구로 여기고 무척 아꼈음을 알 수 있다.

키케로가 친구 아티쿠스에게 쓴 편지에 이런 대목이 있다. "그는 문학적인 것은 물론이고 다방면으로 내게 큰 도움을 준다네. 하지만 내가 그의 건강을 걱정하는 이유는 그가 교양 있고 겸손한 사람이기 때문이지 내 편의를 위해서가 아니라네."

키케로는 결국 티로에게 자유를 주고 그가 해방된 자유인 신분으로 땅을 살 수 있도록 도움을 주었다. 키케로는 티로를 가족의 일원이자 친구로 생각했고, 그들이 주고받은 편지의 낭만적인 어조는 그 이상을 암시하기도 한다. 그리스 낭만 시를 장난스럽게 조롱하는 의도였다는 게 학자들의 생각이긴 하지만 키케로는 심지어 티로에게 다음의 시를 바치기도 했다.

"나의 (혹은 우리의) 문학적 창작품들은 그대를 그리워하며 고개를 떨구고 있다네. (……) 폼페이우스는 내가 글을 쓰는 동안 내 곁에서 흥겨운 기분으로 좋은 시간을 보내고 있지. 그는 나의 작품들을 듣고 싶어하지만, 그대가 없으면 나의 창작의 혀는 완전히 묶여버렸다고 말해주었다네."

어쨌든 간에 티로는 속기사 또는 비서 그 이상이었다.

키케로가 죽은 후 티로는 그의 가르침과 글, 편지를 모아 책으로 내고, 전기를 집필하기도 했다. 또한 키케로 사망 후 이탈리아 캄파니아 지방의 땅을 유산으로 물려받아 여생을 철학과 문학을 논하는 글을 쓰며 살았다고 한다.

안타깝게도 티로가 직접 쓴 글은 남아 있지 않다. 대신 말하는 속도에 맞추어 바르게 받아 적기 위해 티로가 고안한 필기법, 즉 '티로 문자표'는 유럽 수도원에서 17세기까지 계속해서 사용되었다.

마르쿠스 툴리우스 키케로 Marcus Tullius Cicero, BC 106~BC 43
고대 로마의 정치가이자 저술가. BC 69년에 조영관, BC 67년에 법무관, BC 63년에 집정관에 당선된다. 저서로는《국가론》《의무론》《노년에 관하여》《우정에 관하여》등이 있다.

마르쿠스 툴리우스 티로 Marcus Tullius Tiro, BC 103~BC 4
키케로의 서기로 활동하며 그의 업적을 세밀하게 기록하고 정리한 노예.

Fyodor Dostoyevsky

수식어가 필요없는 내조의 여왕

사람에게 가장 중요한 것은
실패했다고 해서 낙담하지 않으며
성공했다고 해서 기뻐 날뛰지 않는 것이다.
– 표도르 도스토옙스키

표도르 도스토옙스키는 독립적인 여성을 좋아하지 않았다. 오히려 그는 그녀들을 사랑했다.

안나 스니트키나는 독립적이지도 모던하지도 않았고 그러려고 노력하지도 않았다. 하지만 그는 그녀 또한 사랑했다.

안나는 도스토옙스키의 두 번째 아내였다. 이미 유명 작가였던 마흔네 살의 도스토옙스키의 속기사로 채용되었을 때 그녀는 열아홉 살의 학생이었다.

안나는 처음부터 그를 존경했지만 낭만적인 연애 감정은 아니었다. "처음 만났을 때 표도르의 가엾은 모습은 어찌 표현할 길이 없다. 그는 혼란스럽고 불안하고 무력하고 외롭고 화난 것처럼 보였고, 아파 보이기까지 했다"라고 안나는 적었다.

당시의 속기사는 반세기 후에나 등장하는 타이피스트와는 완전히 달랐다. 속기는 고급 기술이자 급진적인 혁신이었고, 도스토옙스키에게 친숙한 속기사들은 특별한 부류의 여성들이었다. 러시아에서는 그들을 니힐리스트키(아무것도 믿지 않는 여자)라 불렀다. 그녀들은 보통 골초에다 안경을 썼다. 하지만 안나는 달랐다. 도스토옙스키는 그녀가 니힐리스트키가 아닌 것이 좋았다.

그는 안나의 도움을 받으며 《노름꾼 *The Gambler*》을 한 달 만에 완성했다. 그는 행복했고, 일주일 후에 그녀에게 청혼했다. 그리하여 스물한 살의 처녀는 마흔여섯 살의 도스토옙스키와 결혼하게 되었다.

니힐리스트키 여성들은 제대로 교육을 받았고, 독립적이었으며, 자유라는 개념에 집착했는데, 도스토옙스키는 이런 부류의 여자들을 상대하는 데 능숙했다. 그의 연인이었던 아폴리나리아 스슬로바는 진정한 팜므파탈로 《백치 *The Idiot*》를 비롯하여 여러 작품들의 등장인물에 영감을 주었다. 스슬로바의 언니는 최초의 여성 의사로 러시아에서 유명했다. 도스토옙스키는 안나 코르빈 크루코브스카야라는 여자와 결혼하려고 했지만 그녀는 "독립적인 삶을 살고 싶다"며 거절했다. 크루코브스카야의 언니는 러시아 최초의 여성 과학자였다.

안나 스니트키나에게는 '최초 여성'이라는 타이틀을 가진 자매가 없었을뿐더러 자신은 "아름답지도 않고, 재능도 없고, 교육을 많이 받지도 못했다"라고 훗날 고백하기도 했지만, 결국은 안나 자신이 '최초'의 여성으로 기록된다. 그녀는 두 가지 분야에서 '최초의 여성'에 이름을 올렸다. 그중 하나가 '러시아 최초의 우표 수집가'인데, 이는 물론 한참 뒤의 얘기다.

도스토옙스키는 잘 알려진 대로 자주 도박에 빠져 살았지만, 그 때문에 경제적 어려움을 겪게 된 것은 아니었다. 그가 엄청난 빚을 떠안게 된 것은 형제의 출판사 때문이었다. 빚의 수렁에 빠진 도스토옙스키가 돈을 마련하기 위해 세운 계획은 실패할 확률이 없는 자기만의 방식으로 룰렛 게임에 도전하는 것이었다. 하지만 총명한 안나는 훨씬 냉정하게 문제 해결에 접근했다. 그녀가 생각한 것은 출판 사업이었다. 그때까지만 해도 러시아 작가 중에 자가 출판을 시도한 사람은 없었기에 이는 혁명적인 발상이었다. 안나는 출판 시장을 분석하고 최고의 유통망을 물색해서 책 배급업자는 물론이고 디자이너들과도 협상을 벌이며 출판업에 수완을 발휘했다. 이 부부는 도스토옙스키의 소설 《악령들Demons》을 출간해 상업적 성공을 거두었다 (그 후 어떤 여인이 안나를 찾아와 그 비결을 물었다. 그녀는 자기 남편의 작품을 자가 출판하는 것에 관심이 있었는데, 그 남편이 바로 톨스토이였다).

도스토옙스키 부부의 다음 프로젝트는 19세기 중반의 DIY 사례가 되었다. 도스토옙스키는 《작가의 일기A Writer's Diary》를 자가 출판하기 시작했는데, 이는 그의 이야기들과 정치적 에세이들을 담은 정기 간행물로 오늘날의 블로그 같은 것을 인쇄물 형태로 출력한 것이었다.

도스토옙스키 부부는 상트페테르부르크뿐만 아니라 다른 도시들로부터도 주문을 받아 출판 사업을 키워나갔다. 안나는 《작가의 일기》 구독자들을 고객 데이터베이스로 삼아 수천 장의 초대장을 발송하기도 했다. 하지만 '도스토옙스키'라는 브랜드가 없다면 이 사업이 살아남을 수 없다는 것을 잘 알고 있었다. 사실 그의 이름은 그가 이 가족 사업에 제공할 수 있는 유일한 것이었다.

빚을 깨끗이 갚을 정도로 사업이 번창했지만, 도스토옙스키가 죽자 안나는 자가 출판 사업을 접었다. 그녀에게 이 사업이란, 남편이 좀 더 편안하게 집필에 전념할 수 있도록 경제적 편의를 제공해주는 수단, 그 이상도 이하도 아니었다. 그녀는 조금도 주저하지 않고 출판 사업을 정리한 뒤 도스토옙스키의 작품들을 모아 전집을 출간하는 일에 몰두했다.

이 모든 것들이 현대의 러시아 편집자들이 안나 도스토옙스카야를 러시아 최초의 여성 편집자 혹은 러시아 최초의 여성 사업가로 꼽는 이유다. 도스토옙스키의 다른 여인들과 비교해도 전혀 손색없는 상당한 성취다.

표도르 도스토옙스키 Fyodor Dostoyevsky, 1821~1881
19세기 러시아 문학을 대표하는 대문호. 인간의 내면을 깊게 들여다보는 작품으로 20세기 사상과 문학에 깊은 영향을 끼쳤다. 대표작으로《죄와 벌》《백치》《카라마조프의 형제들》등이 있다.

안나 도스토옙스카야 Anna Dostoyevskaya, 1846~1918
도스토옙스키의 전직 속기사이자 남편의 작품들로 러시아 최초로 자가 출판을 시작한 출판업자.

Martin Heidegger

나를 믿어주는 한 사람

존재의 의미에 대한 질문은
가장 보편적이면서 가장 공허한 물음이다.
— 마르틴 하이데거

1927년에 출간된 독일 철학자 마르틴 하이데거의 《존재와 시간*Being and Time*》은 학술계를 번개처럼 강타했다. "존재의 의미는 무엇인가?" 2,500년 전 플라톤이 물었던 존재의 의미를 다시 물으며 시작하는 이 책은 일상에 대한 분석을 제공하고 서양의 형이상학을 근본적으로 재고하는 데까지 나아간다.

책이 출간되자마자 하이데거는 유명 인사가 되었고, 이 책은 20세기 철학의 기본 교재로 지속적인 영향력을 갖게 된다. 그러나 만약 막스 도이치바인이란 남자가 없었다면 이 책은 인쇄될 수 없었을 것이다.

도이치바인은 훌륭한 교수였다. 그의 아버지는 영문법 책들을 저술했고, 그도 아버지의 뒤를 따랐다. 명문 학교를 차례로 졸업한 도이치바인은 영문학과 언어학에 관한 저서들을 꾸준히 출간하며 영문법 저서로 명성을 얻었고, 이런 업적을 바탕으로 학계의 사다리를 타고 올라가는 데 성공했다. 1919년에는 저명한 마르부르크 대학의 교수로 임용되어 1949년에 생을 마감할 때까지 동료, 제자들과 따뜻한 관계를 유지하며 학자의 길을 걸었다.

타고난 학계 사람인 도이치바인과 달리 하이데거는 독일 서남부 바덴 주의 작은 마을에서 태어났다. 집안 사정이 넉넉지 못했으나 어려서부터 공부를 잘해 예수회 장학금을 받고 김나지움에 입학했다. 프라이부르크 대학에 들어가 신학과 철학을 공부했으며, 1915년 신칸트학파의 거장 하인리히 리케르트 밑에서 공부해 교수 자격을 획득했다. 1916년 현상학의 창시자인 에드문트 후설이 교수로 부임하자, 그의 조교로 일하며 사상 형성에 결정적인 영향을 받는다.

1922년 하이데거는 마르부르크 대학에 부교수로 부임했다. 대학은 하이데거가 적응하기 어려운 사회였다. 그는 슈바르츠발트의 산장에서 고독과 사색을 즐기는 것을 훨씬 더 좋아했고, 그래서 틈만 나면 그곳으로 도망갔다.

캠퍼스에서도 하이데거는 동료들과 어울리지 않았고, 마치 딴 데가 있는 사람처럼 굴었다. 겨울에는 스키 복장으로, 여름에는 하이킹 복장으로 강의를 하기도 했다. 무엇보다도 그는 책 하나 출간하지 않은 채 10년이란 세월을 흘려보냈다. 그래도 그의 독특한 스타일과 영감을 주는 강의 때문에 그를 따르는 충성스러운 학생들 무리가 생겨났다.

하이데거가 훌륭한 스승이라는 평판에 근거해서 당시 철학 대학 학과장이었던 도이치바인은 그가 정교수직을 받도록 추천했지만, 독일 교육부(이런 사안을 승인하던 곳)는 하이데거가 저술이 없다는 이유로 거부했다. 물론 하이데거는 '그러거나 말거나 상관없다'는 듯 대수롭지 않게 넘겼지만 도이치바인은 훌륭한 학자가 퇴출될까 봐 애가 탔다.

'출간하거나 아니면 사장되거나.' 이것이 대학 풍토였기 때문이다. 도이치바인은 하이데거가 실패하도록 놔두지는 않을 생각이었다. 그래서 하이데거를 찾아가 당장 무엇이라도 출간하라고 설득했다. 결국 하이데거는 산장 오두막에 처박혀 원고를 쓰기 시작했고, 한 달 뒤《존재와 시간》을 완성했다.

도이치바인이 성화를 부리지 않았다면 하이데거가 이 작품을 과연 출간했을지 의심스럽다. 출간된 부분은 하이데거가 애초에 계획했던 것의 전반부에 불과했지만 정교수직을 따내기에는 충분했다. 압박에서 벗어나자 하이데거는 나머지 부분의 완성을 미루다가 결국은 아예 포기하고 말았다.

친구에게 보낸 편지에 하이데거는 실패를 슬퍼하면서도 이렇게 언급했다. "그래도 내가 뭐라도 발표할 수 있는 사람이란 것은 증명했다네."

1928년 하이데거가 스승 에드문트 후설의 후임으로 모교인 프라이부르크 대학으로 옮기면서 도이치바인과의 인연은 마무리된다. 우리에게 도이치바인은 잘 알려져 있지 않지만, 그가 하이데거를 유명하게 만든 저술을 내놓도록 도운 사실 하나는 서양 철학의 역사를 바꾸어놓는 일이었다. 그리고 하이데거는 도움이 절실했다.

때로는 별난 천재의 고삐를 당겨줄 고지식한 전문가가 필요한 법이다.

마르틴 하이데거 Martin Heidegger, 1889~1976
20세기 독일 실존주의를 대표하는 철학자. 현대 철학 및 문학, 예술, 언어, 인간학, 생태학 등 정신 문화 전반에 커다란 영향을 끼쳤다. 주요 저서로 《존재와 시간》 《사유란 무엇인가》 《진리의 본질에 관하여》 등이 있다.

막스 도이치바인 Max Deutschbein, 1876~1949
저술이 없어 정교수가 되지 못하고 있던 하이데거를 설득해 《존재와 시간》이 탄생하는 데 격려를 아끼지 않은 동료 교수.

Elvis Presley

로큰롤보다 사랑한 당신

자신이 이해하지 못한 것을 비난하지 마라.
그 사람의 처지에 서지 않았는데 함부로 말해서는 안 된다.

− 엘비스 프레슬리

로큰롤의 황제라 불리던 엘비스 프레슬리도 어머니 앞에서는 마냥 어린아이가 되었다. 그에게 어머니는 영웅이나 다름없었다. 그만큼 어머니를 숭배했다. 다 큰 남자가 어머니를 '애기'라고 부르고, 어머니에게 아기처럼 말하는 제왕이라니!

사실 엘비스의 어머니는 아들의 숭배를 받을 자격이 있었다. 그녀가 없었더라면 그가 대중음악의 판도를 영원히 바꾸어놓는 일도 없었을 것이기 때문이다.

엘비스는 열한 번째 생일 선물로 자전거를 갖고 싶어했다. 그런 아들에게 어머니는 기타를 사주었다. 그 후 엘비스가 자신의 첫 번째 노래를 녹음한 것도 어머니에게 생일 선물로 드리기 위해서였다. 1953년, 기타를 멘 엘비스는 테네시 주 멤피스의 선레코드 사 스튜디오 안으로 성큼성큼 걸어 들어가 '마이 해피니스'를 녹음했다.

이렇게 그의 첫 녹음은 어머니를 위한 자비 음반이었다. 당시 그는 낮에는 트럭 운전사로 일하고, 밤에는 술집에서 노래를 부르며 생계를 유지하고 있었다. 하지만 그로부터 1년 후 엘비스는 '댓츠 올라잇, 마마'를 불러 일약 국민가수로 떠올랐다.

어머니와 아들의 이 특별한 유대는 엘비스가 태어난 바로 그 순간 부터 시작되었다. 1935년 1월 8일, 글래디스는 쌍둥이를 출산한 후 과다 출혈로 거의 목숨을 잃을 뻔했다. 하지만 첫째 아이(제시 아론) 가 태어나자마자 죽자 그녀는 쌍둥이 중에 살아남은 엘비스가 죽은 형의 영혼까지 가지고 있다고 믿었다.

글래디스는 엘비스가 '운명적인 아이'라고 믿었고 '넌 정말 특별한 아이야'라는 생각을 심어주었다. 그래서 선레코드 사 직원이 열여덟 살의 엘비스에게 어떤 장르의 노래를 부르는 가수냐고 물었을 때, 그는 이렇게 대답했다. "내 노래는 세상 그 누구의 노래와도 비슷하 지 않아요."

어린 나이에 아버지를 폐렴으로 잃고 어머니마저 결핵으로 여읜 기억까지 보태져 글래디스는 엘비스를 끔찍이 보호했다. 남편의 반 대에도 불구하고 글래디스는 엘비스가 열세 살이 되도록 한 침대에 서 같이 잤고, 열일곱 살까지는 집밖에서 자고 오는 일도 절대 허락 하는 법이 없었다. 불행하게도 글래디스와 엘비스는 몽유병 증세가 있었고 불운이 언제 닥칠지 모른다는 불안 때문에 자주 악몽에 시달 렸다.

엘비스가 가수로 인기를 얻기 시작한 것이 그의 '뮤즈'에게는 곧 시련이었다. 엘비스가 투어를 다닐 때면 글래디스는 극성팬들이 아 들에게 떼 지어 몰려들고 잡아 뜯고 할까 봐 노심초사했다. 엘비스가 타고 다니던 전세기가 엔진 고장으로 불시착한 이후로는 아들에게 비행기를 타지 말라고 애원하기도 했다. 공연이 있어 차로 이동할 때에도 아들이 사고라도 당할까 봐 벌벌 떨었다.

글래디스는 술을 마시기 시작했고 우울증을 앓게 되었다. 잠을 자려면 약을 먹어야 했고 잠을 깨려면 각성제를 먹어야 했으며, 삶을 견디기 위해 점점 더 많은 양의 보드카를 마셨다. 1958년에 엘비스가 징집되어 독일로 파병되자 글래디스의 낙담과 우울은 더욱 깊어졌고, 결국 술에 의존했다.

그러다가 체중이 너무 불어나자 다이어트 약을 먹기 시작했다. 1958년 8월 14일, 글래디스는 심장마비로 쓰러졌다. 훗날 엘비스는 그날을 이렇게 기억했다.

"내가 평생 사랑한 단 한 사람을 잃었다."

어머니가 죽은 뒤에도 엘비스는 여전히 인기를 끌었지만, 그의 음악이 초창기 때 불러일으켰던 흥분이나 강렬함은 다시 찾아보기 어려웠다. 30대에 들어서자 그는 망가지기 시작했고 벌써 한물간 스타라는 소리를 들었다. 어머니와 아주 비슷한 생활을 했고, 그 결과 살이 찌기 시작했다. 한 가지 다른 점이라면 보드카 대신 아들이 선택한 것은 엄청난 폭식이었다.

1977년 8월 16일, 엘비스는 마흔두 살의 나이에 약물 과다 복용으로 그레이스랜드의 저택 화장실에서 생을 마감했다. 19년 전 사랑하는 어머니를 땅에 묻고 흐느끼며 "오, 하느님, 저의 모든 걸 잃었습니다"라 말했던 그날과 같은 날짜였다.

엘비스 프레슬리 Elvis Presley, 1935~1977
로큰롤의 탄생과 발전, 대중화에 앞장선 미국의 가수 겸 배우. '하트브레이크 호텔', '러브 미 텐더', '올 슉 업' 같은 히트곡을 발표했으며, 〈지 아이 블루〉〈아카풀코의 추억〉〈소녀는 괴로워〉 등의 영화에도 출연했다.

글래디스 러브 프레슬리 Gladys Love Presley, 1912~1958
어린 시절부터 지극정성으로 엘비스를 보살폈으며 초기 음악 세계에 큰 영감을 준 어머니.

그녀는 그녀를 사랑했을 뿐

사람들은 하루 종일 너무 많은 정보를 얻는 나머지
상식을 잃어간다.

－거트루드 스타인

동성 동반자인 거트루드 스타인과 앨리스 B. 토클라스. 그 둘의 관계는 한 번도 완전히 공개된 적이 없었지만 그렇다고 특별히 숨겨졌던 것도 아니다. 그러나 거트루드와 앨리스 둘 사이에서만큼은 이 관계의 본질이 흔들림 없이 분명했다. 이탈리아 피렌체로 여행을 갔을 때 거트루드는 앨리스에게 청혼하기 위해 사랑을 고백했다. "나를 가만히 어루만져 두려움에서 건져주오. (……) 아내는 남편 곁을 지키는 것이라고 셰익스피어가 말했지. 사랑스러운 아내가 할 일은 남편의 곁을 지키는 것이라고." 앨리스는 울고 또 울고 나서 이렇게 답했다. "그녀가 왔고, 보았고, 내가 우는 것을 보았으니 나는 당신의 신부입니다."

앨리스 B. 토클라스는 샌프란시스코의 유대인 중산층 가정에서 자랐다. 그녀의 아버지는 광부가 되려고 캘리포니아로 건너왔지만 곧 상인이 되는 편이 낫겠다고 판단했다.

피아니스트가 꿈이었던 앨리스는 워싱턴 대학에서 몇 년 동안 음악을 공부했지만 1897년에 어머니가 세상을 떠나면서 학업을 중단하고 집안을 돌봐야 했다. 남자와 결혼할 마음이 전혀 없었던 앨리스는 덫에 걸린 느낌을 받았다. 그녀는 덫을 탈출하기로 했다. 결국 대출을 받는 데 성공하자 1907년 9월 8일에 파리로 떠났고, 바로 그날 거트루드 스타인과 만나게 된다.

거트루드의 뛰어난 재능을 보살피고 키워준 것이 앨리스가 평생을 바쳐 한 일이었다. 플뢰뤼스 거리 27번지에는 헤밍웨이, 피카소, 브라크 등 20세기의 유명한 작가와 화가들이 자주 드나들었다. 두 사람은 40년 동안 파리의 그 집에서 함께 지냈다. 앨리스는 그 집에서 열리는 시끌벅적한 사교 모임의 온갖 뒤치다꺼리를 도맡았고, 당대 '천재의 아내들'과 말상대가 되어주었다.

한번은 잡지 기사에 들어갈 거트루드의 사진을 찍으러 사진작가가 찾아온 일이 있었다. 그는 거트루드에게 집안일을 하는 일상적인 모습을 보여달라고 요구했다. 그러자 거트루드는 이렇게 대답했다. "그런 일은 언제나 토클라스 양이 해주는데요."

사진작가는 다시 물었다. "그럼 전화를 받는 건 어떨까요?"

"그것도 늘 토클라스 양이 해줘요." 장난기가 발동한 거트루드는 대신 다른 것을 제안했다. 자기가 물 마시는 모습이나 모자를 썼다 벗었다 하는 모습을 찍어달라고 말이다.

플뢰뤼스 거리 27번지를 드나드는 사람들은 앨리스와 거트루드의 관계에 대해 의견이 분분했고, 카리스마 넘치는 거트루드에 비해 사뭇 어둡고 뒤로 물러나 있는 듯한 앨리스에게 호기심을 가졌다. 드라마틱한 의상과 유령 같은 색을 즐겨 입던 앨리스는 '천재의 아내들'을 대접하고 있는 자신의 모습을 종종 발견하곤 했다.

"난 늘 역사적인 사람이 되고 싶었어." 1946년 암으로 세상을 떠나기 전 거트루드는 이렇게 말했다. "아기 때부터 난 그렇게 느꼈지." 그러나 만약 앨리스를 만나지 않았더라면 그녀는 모더니즘의 천재가 되려는 노력을 포기했을 공산이 크다. 앨리스는 거트루드가 앞으로 정진하도록 끊임없이 격려와 칭찬을 해주었을 뿐만 아니라 그녀의 글을 타이핑하고 출판사에 보내는 일을 했다.

모더니즘의 트레이드마크가 된 '장미는 장미는 장미는 장미다(Rose is a rose is a rose is a rose)'라는 구절이 유명해지는 데 일조한 사람도 바로 앨리스였다. 그녀는 〈지리와 연극〉을 타이핑하던 중 그 구절을 발견하고 거트루드에게 시의 장치로 쓰라고 제안했던 것이다.

하지만 앨리스가 거트루드에게 항상 긍정적인 영향을 미친 것은 아니었다. 〈명상 속의 스탠자〉에는 문맥이나 소리를 고려할 때 'may'가 들어갈 자리에 'can'이 들어가 있어 거트루드 스타인을 연구하는 학자들이 골치를 썩었다. 알고 보니 원고를 타이핑한 앨리스가 'may'는 거트루드의 옛 연인인 메이 북스타버(May Bookstaver)를 연상시킨다는 이유로 거트루드에게 그 단어를 전부 지워달라고 요구했던 것이다.

거트루드 스타인이 죽은 뒤, 앨리스는 요리책을 출판했다. 이 책은 특이한 요리법들로 컬트적인 위치를 얻었다(특히 눈길을 끈 것은 무화과, 아몬드, 대마초로 만든 대마 퍼지였다!). 그러나 그녀의 관심은 늘 거트루드 스타인의 문학적 유산과 명성을 돌보는 데 쏠려 있었다.

거트루드는 유언장에 '친구 앨리스 B. 토클라스'에게 자신의 전 재산과 그림 컬렉션에 대한 권리를 넘긴다고 명시했지만, 이 조항은 법적 효력을 발휘하지 못했다. 두 사람의 결혼이 법적으로 승인되지 않은 상황이었고, 앨리스의 입지는 너무나도 약했기 때문이다.

하루는 앨리스가 크리스틴 5번가에 있는 아파트로 돌아와 보니 집이 텅 비어 있었다. 반세기 동안 함께했던 그림들(마티스, 피카소, 고갱, 르누아르, 마네 등의 그림들)이 벽에서 떼어진 채 사라졌다. 그녀가 집을 비운 사이 거트루드의 조카가 와서 몽땅 털어 간 것이었다. 그로부터 얼마 지나지 않아 앨리스 B. 토클라스는 그곳에서 내쫓겼다. 몇 년 후 그녀는 무일푼으로 세상을 떠났다.

거트루드 스타인 Gertrude Stein, 1874~1946
미국 시인 겸 소설가이자 미술 애호가. 대담한 언어들을 작품에서 실험하여 평단의 주목을 받았으며, 1차 세계대전 전후 모더니스트로 크게 활약했다. 단편집 《3인의 생애》, 시집 《텐더 버턴스》 등이 대표작이다.

앨리스 B. 토클라스 Alice B. Toklas, 1877~1967
평생을 함께한 그녀의 뮤즈이자 특별한 동반자.

Charles Darwin

순간의 선택으로 탄생한 진화론

만일 다시 한 번 더 인생을 살 수 있다면
적어도 일주일에 한 번쯤은 시를 읽고 음악을 들을 것이다.

– 찰스 다윈

조지프 후커는 찰스 다윈의 일대기에서 작은 단역에 불과할지 몰라도 다윈이 역사적 위치를 확보하는 데는 결정적인 역할을 했다. 후커가 아니었다면 오늘날 진화론의 아버지는 앨프리드 러셀 월리스가 되었을지도 모른다.

1839년 후커는 첫 해외 식물학 연구를 떠나기 직전에 다윈을 알게 되었다. 이때 다윈은 비글호에서 연구를 시작한 지 이미 8년이 지난 시점이었다. 4년의 항해 기간 동안 후커는 다윈의《비글호 항해기_Voyage of the Beagle_》교정쇄를 읽고 다윈에 대해 대단한 존경심을 품게 되었다. 후커는 영국으로 돌아온 뒤 다윈으로부터 갈라파고스 섬의 식물 분류를 도와달라는 편지를 받았다. 후커는 그의 제안을 기꺼이 받아들였고, 이후 수십 년 동안 서신 왕래가 이어졌다.

두 사람이 주고받은 편지는 무려 1,400통이었다. 순전히 연구에 관한 이야기만 쓴 편지도 있지만 때로는 장난기 가득한 이야기가 적혀 있어, 연구와 함께 우정도 깊어지고 있었음을 엿볼 수 있다. 어떤 편지에는 지극히 사적인 내용이 담겨 있기도 했다. 1863년, 후커가 여섯 살짜리 딸을 잃고 다윈에게 보낸 편지는 이렇게 시작한다.

'이렇게 슬픔에 빠져 있을 땐 누구보다도 자네가 가장 많이 생각난다네.'

다윈은 이렇게 답장을 보냈다. '그런 시간들이 또 새로운 기적을 이뤄낼 것임을 나는 믿네. 사랑스러운 딸의 기억을 결코 해치지 않으면서 말일세.'

다윈이 후커를 얼마나 신뢰했는지는 오랜 연구 끝에 내린 도저히 부인할 수 없는 사실, 즉 자연적 원인에 의해 종이 생성되고 변화한다는 '위험한' 고백을 하고 싶은 대상으로 후커를 택한 사실로도 알 수 있다.

1844년 1월 11일, 다윈은 진화론의 내용이 담긴 편지를 후커에게 보내며 '종의 변이'라는 개념을 발설하는 것이 마치 '살인을 고백하는 심정'이라고 덧붙였다. 진화라는 개념 자체가 성경의 해석에 뿌리를 둔 당대 과학에 위배되는 것이었기 때문이다. 빅토리아 시대의 영국에서 과학은 창조주인 하느님의 조화를 발견하기 위한 수단이었고, 그리하여 과학과 종교는 조화롭게 공존하고 있었다.

다윈의 이론은 성경의 창세기를 전면적으로 부인하는 것과 다름없었다. 다윈은 자신의 주장이 얼마나 위험한 생각인지, 그것이 세상에 어떤 파문을 일으킬지 알고 있었다. 다윈의 편지는 온통 걱정과 자기 비하로 가득했다. 자신의 연구를 '바보 같고', '매우 주제넘은' 것이라고 하며 친구 후커에게 이렇게 말했다. "자네는 이제 탄식

하며 이렇게 생각하겠지. '내가 이런 인간과 편지를 주고받느라 아까운 시간을 허비했다니.'" 하지만 이는 후커가 자신의 발견을 지지해줄 것이라는 믿음이 없었다면 불가능한 고백일 것이다. 이 믿음의 깊이는 그 이후의 세월에서 여실히 증명된다.

1858년 6월 29일, 다윈은 후커에게 두 통의 편지를 보냈다. 첫 번째 편지는 18개월 된 아들의 죽음을 알리는 비통한 편지였다.

"어제 저녁에 그 가엾은 아기가 죽었다는 얘기를 들으면 자네와 자네 부인은 우리를 가엾게 생각해주겠지. (……) 영원히 잠든 그 어린것의 순수한 얼굴에 편안한 표정이 어리는 걸 보고 나는 정말 큰 위안을 받았다네. 그리고 그 아이가 이제 이 세상의 고통을 다시는 느낄 수 없음을 신께 감사했다네."

두 번째 편지는 다윈이 진화론을 최초로 정립했음을 인정받는 데 대단히 중요한 역할을 했다. 후커가 다윈의 논문 발표를 서두른 데는 그럴 만한 이유가 있었다. 다른 동식물 연구학자, 앨프리드 러셀 월리스가 진화론에 대한 논문을 곧 발표할 예정이라는 사실을 알았기 때문이다. 다윈은 아들이 죽기 이틀 전, 월리스로부터 자신의 논문을 발표하는 데 도움을 달라는 편지를 받았다. 다윈은 화들짝 놀랐다. 그 논문이 자신의 연구 내용과 거의 일치했기 때문이다. 다윈은 마음이 급해졌고, 개체 간의 변이가 어떻게 생기는지에 대해서는 완벽하게 설명하지 못했음에도 불구하고 자신의 논문을 동봉하여 후커에게 보내며 이렇게 썼다. "감히 말하지만 모든 게 다 늦은 것 같네. 나는 이제 별로 신경 쓰지도 않는다네."

그러나 후커는 친구의 진화론 연구를 소중히 여기며 무척 신경을 쓰고 있었다. 1839년부터 이미 그의 연구를 지켜보았고, 그때부터 15년 동안 그 연구에 기여했기 때문이다. 지질학자 찰스 리엘의 도움을 받아 후커는 월리스의 진화론 연구가 1858년 7월 1일에 발표되었음을 확실히 했고, 다윈은 그 이론의 창시자로 인정받을 수 있었다. 찰스 다윈은 확실한 명성을 얻으며 역사 속에 자리매김했다. 반면 월리스의 이름은 그저 평범한 연대표에 자리를 잡았다.

1911년 12월 10일 후커가 세상을 떠났을 때 그의 미망인은 웨스트민스터 사원의 다윈 묘 옆자리를 제안받았다. 하지만 후커는 큐그린의 세인트 앤 교회 마당의 아버지 옆에 안장되었다. 큐가든은 후커가 20여 년 동안 일해온 곳이었다. 역사 속 후커의 자리, 그리고 그가 잠들어 있는 자리는 다윈의 그것보다 평범할지는 모르겠다. 그러나 그들의 이야기는 분리할 수 없는 하나로 얽혀 남아 있다.

찰스 다윈 Charles Darwin, 1809~1882
영국의 진화론자. 1831~1836년 비글호에 동승하여 남태평양의 지질과 동식물을 조사해 생물진화론과 자연선택설을 확립했다. 1859년 《종의 기원》을 발표해 학계에 엄청난 논란을 불러일으켰다.

조지프 달튼 후커 Joseph Dalton Hooker, 1817~1911
다윈의 진화론이 역사상 최초가 될 수 있도록 격려하고 지원한 친구이자 동료.

Roald Dahl

....

600통에 담아낸 600가지 모정

제발, 부탁인데요. TV는 치워버리세요.
그걸 두려고 했던 곳에 책장을 설치해보세요.
마법 같은 일을 펼쳐질 겁니다.
– 로알드 달

주름이 자글자글한 할머니가 안락의자에 앉아 지독한 냄새를 풍기는 까만 시거를 맛있게 씹고 있다. 로알드 달의 유명한 어린이 책 《마녀를 잡아라 *The Witches*》에 등장하는 할머니. 할머니가 어린 주인공에게 마녀를 식별하는 '절대 진리'를 들려주는 동안 시거 연기가 할머니의 커다란 몸을 휘감으며 올라간다.

"할머니는 훌륭한 이야기꾼이었다. 나는 할머니의 이야기에 빨려 들어갔다"라고 주인공은 이야기하고 있다.

이 묘사는 로알드 달이 자신의 어머니에 대한 생각을 반영한 부분이다. 달은 이 할머니 캐릭터를 어머니에게서 따왔다. 그는 유년의 날들에 대한 자전적 소설 《보이 *More about boy*》에서 그것은 "의심할 여지없이 내 인생에 가장 큰 영향을 미친 분", 바로 어머니에 대한 존경의 표시였다고 밝혔다.

로알드 달의 부모는 영국으로 이주한 노르웨이인이다. 그의 어머니 소피는 1911년에 해럴드와 결혼했고, 아버지가 전처 사이에서 낳은 두 아이까지 넷이 함께 살기 위해 영국 웨일스로 이주했다. 그녀는 두 딸과 로알드까지 세 아이를 낳았지만 1920년에 일곱 살 된

딸 아스트리를 맹장염으로 잃었다. 그로부터 3주 후 남편마저 폐렴으로 세상을 떠나면서, 소피는 뱃속의 아이까지 홀로 키워야 하는 처지가 되었다.

소피는 노르웨이로 돌아가지 않고 남편의 뜻을 따라 웨일스에 남아 아이들에게 영국식 교육을 시키기로 했다. 철부지 아이들은 계속 말썽을 부려댔다. 하지만 "어머니는 바위처럼, 단단한 바위처럼 우리들이 무슨 짓을 해도 항상 우리 편이었다. 그런 어머니 덕에 나는 안정감을 느낄 수 있었다"라고 로알드는 적고 있다. 로알드는 어머니가 가장 아끼는 아이였다. 형제들은 그를 '보이'라고 불렀지만 어머니만은 그를 '애플'이라고 불렀다.

소피는 노르웨이의 옛날이야기를 변형해 아이들에게 들려주었다. "어린 시절, 어머니는 우리에게 노르웨이의 트롤과 어두운 소나무 숲에 사는 가공의 인물들에 대한 이야기를 들려주셨다. 타고난 이야기꾼인 데다 기억력도 좋아서 본인 인생에 일어난 일을 하나도 잊어버리지 않으셨다"라고 로알드는 회고했다.

아홉 살이 되자 로알드는 기숙학교에 들어갔는데 자전적 소설《보이》에 따르면 그의 학창 시절은 우울하고 쓸쓸한 날들의 연속이었다. 그에게 학교는 폭력, 위선, 비정이 들끓는 복마전 같은 곳이었다. 권위를 내세우며 폭력을 휘두르는 교사가 있는가 하면, 하급생을 괴롭히는 못된 상급생이 있었다. 이와 달리 가족은 언제나 따뜻한 곳이었다. 가족 특히 어머니의 무한한 사랑은 억압적인 학창 시절을 보내면서도 착하고 순수한 마음을 잃지 않도록 로알드를 단단하게 지탱하는 힘이 되었다.

가족이 그리울 때 로알드는 어머니에게 편지를 썼다. 우울한 이야기 대신 어머니가 좋아할 재미있는 이야기들을 담았다. 1929년에 쓴 편지에는 어머니가 생일 선물로 보내준 롤러스케이트를 타다 벌어진 이야기가 담겨 있다.

"학교 운동장에서 롤러스케이트를 타는데 제 꽁무니에 여덟 명이나 달라붙었어요. 엄청난 속도로 달리다 그만 주저앉아 엉덩방아를 찧었지 뭐예요! 지금 제 엉덩이가 온통 초록색으로 물들었어요."

로알드의 편지는 어른이 되어서도 계속된다. 1967년에 어머니가 세상을 떠날 때까지 집을 떠나 있을 때는 적어도 일주일에 두 번씩 편지를 보냈다. 학교 기숙사에서 지내던 때, 아프리카의 셸 정유회사에 다니던 때, 그리고 2차 세계대전 당시 지중해에서 공군으로 복무했던 때까지 무려 32년 동안이나 말이다.

소피는 아들이 보낸 편지를 한 통도 빠짐없이 전부 모아 초록색 테이프로 깔끔하게 묶어두었다. 이렇게 모은 편지는 1925년부터 1945년에 이르기까지 모두 600통이 넘는다. 1928년 가을의 편지들이 빠져 있는데, 1940년 독일의 폭격 때 잃어버렸다고 한다. 편지 말미에는 항상 사랑한다는 말과 함께 그의 이름을 적었다. 하지만 기숙학교에서 첫 학기에 보낸 편지들에는 이렇게만 적혀 있다.

'사랑을 전하며, 보이(Boy) 올림.'

로알드 달 Roald Dahl, 1916~1990
'에드거 앨런 포' 상 2회 수상, 전미 미스터리 작가상 3회 수상한 20세기 최고의 이야기꾼. 대표작
으로《찰리와 초콜릿 공장》《마틸다》《제임스와 슈퍼 복숭아》 등이 있다.

소피 맥달린 달 Sofie Magdalene Dahl, 1885~1967
일찍이 남편과 어린 딸까지 잃었으나 절망하지 않고 남은 자녀들을 훌륭하게 길러낸 어머니.

Emily Dickinson

인간보다 네가 나은 몇 가지 이유

성공이 그렇게도 달콤한 까닭은
결코 성공하지 못한 사람들이 있기 때문이다.

– 에밀리 디킨슨

19세기 낭만주의 시대를 넘어서 미국 현대시의 원조로 꼽히는 에밀리 디킨슨은 미국 매사추세츠 주 애머스트의 청교도 가정에서 태어나 평생을 독신으로 살았다.

그녀는 열아홉 살 때 뉴펀들랜드(수중 인명 구조견으로 체구가 크고 온순하다 - 옮긴이) 강아지를 선물 받았다. 이름은 제인 에어의 개 이름을 따서 '칼로'라 지었다. 그로부터 몇 년 후 디킨슨이 친구에게 보낸 편지에는 이렇게 쓰여 있다.

'내 벗들에 대해 물으니 대답을 드리자면, 산과 해넘이, 그리고 개 한 마리—아버지께서 사주신 덩치가 나만한 개—이들이 사람보다 나아요. 왜냐하면 그들은 다 알고 있지만 아무 말도 하지 않기 때문이죠.'

개라는 동물이 워낙 그렇듯이 칼로는 과묵하지만, 덩치가 디킨슨보다 컸던 모양이다. 뉴펀들랜드 수컷은 70킬로그램 가까이 나갈 만큼 몸집이 크다. 하지만 디킨슨은 160센티미터 정도의 키로, "한 마리 굴뚝새처럼 작았다."

디킨슨은 평생 은둔자로 살았다고 하는데, 그녀가 이 활발한 개와 함께 보낸 시간들로 비추어볼 때 은둔자의 모습을 상상하기 어렵다(어떤 시는 이렇게 시작한다. '일찍 출발했다―나의 개를 데리고―.' '에밀리와 그녀의 개, 그리고 랜턴!'이라고 어느 친구가 회상한 글을 보면 디킨슨은 한밤중에도 칼로와 산책을 나갔던 모양이다). 디킨슨이 펠햄의 숲과 초원을 거닐 때면 칼로가 자박자박 그 뒤를 따랐다. 그 덕에 그녀는 신변의 안전과 정신적 자유를 누릴 수 있었다. 디킨슨은 칼로가 "용감하고 말이 없다"고 칭찬했다.

칼로는 뉴펀들랜드 종이 그렇듯 검은색 혹은 갈색이었을 테고 털이 많이 빠졌을 것이다. 디킨슨이 '온통 흰색' 옷을 입었다는 애기가 전해오지만, 정작 본인은 '옥양목'을 좋아했으나 '갈색 드레스에 가능하면 갈색 케이프를 둘렀다'고 묘사했다. 이것이 개털을 뒤집어쓴 여자에게는 더 실용적인 색이었으리라.

디킨슨은 커다란 개를 키우는 것에 대해 단 한 번도 불평하지 않았다. 그녀의 시 중에는 진흙투성이 개 발자국에 대한 구절도 있다. 하지만 그녀가 집안일을 끔찍이 싫어했다는 것 또한 유명한 사실이다. '수지, 오늘은 집안 청소를 하고 있어. 그래서 나는 날듯이 뛰어서 내 작은 침실로 들어왔어.'

그녀가 '덥수룩한 동맹'이라고 부른 생명체는 아마도 디킨슨이 시를 쓰는 동안 그녀의 발치에서 잠에 빠져 있었으리라. 아마도 시인의 원고에, 그녀의 드레스에 침도 흘렸으리라.

디킨슨이 얼마나 자신의 생활을 노출하지 않았는지, 그녀의 전기에는 '아마도'라는 단어가 주연배우처럼 자주 등장한다. 한 가지 풀리지 않는 수수께끼는 디킨슨이 썼지만 부치지 않은 세 통의 연애편지에 관한 것이다.

그 편지에 언급된 남자가 실제 인물인지 상상의 인물인지는 전혀 알 길이 없다. 하지만 디킨슨이 편지에 '칼로와 당신과 내가 초원을 한 시간쯤 거닐 수 있을까요?'라고 쓴 것으로 보아, 연인과 데이트할 때조차 칼로와 함께 있고 싶어했다는 사실에 대해서는 의심할 여지가 없다.

칼로는 16년 넘게 살았고, 그와 함께 하는 동안 디킨슨은 그녀의 가장 빼어난 시를 여러 편 썼다. 칼로가 죽었을 때 새로운 시적 언어의 마술사였던 그녀는 그 사건을 표현할 말을 거의 찾지 못했다. 친구 토머스 히긴슨에게 이렇게 적었을 뿐이다. '칼로가 죽었어요. 이제는 당신이 내게 가르침을 줄 수 있을까요?' 그리고 시간이 얼마 더 흐른 뒤에는 이렇게 적었다. '나의 말없는 동지가 죽은 후 나는 거의 탐험을 나서지 않는다.'

칼로가 죽은 뒤 디킨슨은 더 이상 다른 개를 키우지는 않았지만 은둔생활은 계속했다. 마치 시를 쓰기 위해 은둔자가 된 것마냥 그녀는 하루에 한 편 정도의 시를 썼다. 그러나 생전에는 4편의 시만 발표되었으며, 대중의 주목을 받지 못했다. 사후 여동생 라비니아

노크로스 디킨슨이 그녀의 작품을 모아 시집을 발간해 널리 알려지
게 되었다.

에밀리 디킨슨 Emily Dickinson, 1830~1886
미국을 대표하는 시인. 자연과 사랑 외에 청교도주의를 배경으로 한 죽음과 영원 등의 주제를 많
이 다루었다. 운율이나 문법에서 파격적인 면을 보여 19세기에는 인정받지 못했으나, 20세기에
이미지즘이나 형이상학적 시가 유행하며 높이 평가받고 있다.

칼로 Carlo, 1849~1866
디킨슨의 시에 커다란 영감을 줌과 동시에 평생 곁을 지킨 반려견.

친절한 말 한마디의 운명

장르는 중요하지 않다.
세상을 멋지게 만드는 건 음악 그 자체다.
– 루이 암스트롱

루이 암스트롱은 마치 날 때부터 쥐고 태어난 것처럼 색소폰을 연주했지만, 이 재즈의 혁명가는 루이 카르노프스키의 도움이 없었더라면 평생 그 악기를 잡아보지 못했을지도 모른다. 루이 카르노프스키, 뉴올리언스의 석탄 장수였던 그는 루이 암스트롱에게 처음으로 악기를 안겨준 사람이었다.

이와 얽힌 이야기는 분분하다. 당시 루이 암스트롱의 나이가 여섯 살이었다고도 하고 열한 살이었다고도 하고, 악기가 트럼펫이었다고도 하고 코넷이었다고도 하고, 악기 값이 5달러였다고도 하고 12달러였다고도 한다. 하지만 한 가지 분명한 사실은 카르노프스키의 가족이 루이 암스트롱을 식구처럼 돌보아주었다는 것이다. 루이는 가난한 집에서 태어났다. 아버지는 그가 젖먹이였을 때 집을 나갔고, 어머니는 루이와 여동생을 한동안 할머니 손에 맡겼다. 카르노프스키는 리투아니아에서 온 이민자였다. 석탄 장수라는 말도 있고 고물장수라는 말도 있는데, 어쨌거나 어린 루이를 거두어 자기 아들들과 함께 데리고 다녔다. 이때 루이에게 나팔을 불게 해서 카르노프스키의 마차가 동네에 왔음을 알리게 했다고 한다.

전하는 얘기에 따르면, 하루는 루이가 가게 쇼윈도에 진열된 악기에서 눈을 떼지 못하자, 카르노프스키의 아들 모리스가 악기를 살 수 있도록 돈을 꿔주었다고 한다. 세월이 흘러 뉴올리언스의 흑인 청소년 보호소에서 지낼 때, 이 미래의 재즈 아이콘은 피터 데이비스라는 지역 음악 선생의 도움을 받아 코넷이라고 추정되는 악기를 배우게 되었다. 그렇게 출발한 루이 암스트롱은 재즈 역사의 위대한 인물로 성장한다. 그는 주로 앙상블로 연주하는 공연에서 벗어나 솔로 즉흥 연주를 선보였고, 아프리카 음악에서 기원한 '두비루바' 하는 식의 스캣(Scat) 창법을 탄생시켰으며, '왓 어 원더풀 월드' 같은 팝송까지 섭렵했다.

그의 음악이 꽃을 피우며 루이 암스트롱은 20세기의 가장 사랑받는 인물 중 하나가 되었고, 백인 대중들의 인기를 얻은 최초의 흑인 아티스트로 꼽히게 되었다. 그렇게 승승장구하는 과정에서도 루이 암스트롱은 카르노프스키 가족의 인정과 관대함을 절대로 잊지 않았다.

"그들은 제게 늘 따뜻하고 친절했습니다. 친절한 말 한마디에도 고마움을 느끼는 어린아이에게 그건 정말 크게 다가왔어요."

루이 암스트롱은 자신의 회고록에서 카르노프스키 가족을 언급했다. 비록 어린 나이였지만 루이는 카르노프스키 일가가 유대인이라는 이유로 차별을 받고 있다는 것을 알 수 있었다. 그들에게 경의를

표하기 위해 루이 암스트롱은 거의 평생 다윗의 별(이스라엘 국기에 등장하는 유대인의 오랜 상징 - 옮긴이)을 목에 걸고 다녔고, 자신이 이디시어를 유창하게 하는 것도 그 가족 덕분이라고 했다. 비평가들은 심지어 루이 암스트롱의 노래들이 카르노프스키 부인이 아이들에게 들려주던 이디시 민속음악의 영향을 받았다고 분석하기도 했다. 루이는 또 유대 음식을 좋아하여 무교병(유대인들이 전통적으로 먹는 빵 - 옮긴이)을 집에 비축해두고 즐겨 먹었다고 한다.

뉴올리언스에서는 아직도 카르노프스키 가족을 기억하고 있다. 카르노프스키 프로젝트라는 비영리 단체에서 밴드 악기들을 기부받아 어린이들에게 나눠주는 일을 하고 있다.

루이 암스트롱 Louis Armstrong, 1901~1971
미국을 대표하는 재즈 트럼펫 연주가이자 가수. 뉴올리언스 스타일을 전파한 선구자이기도 하다. '핫 파이브', '올스타스' 등 전설적인 악단들을 결성했으며, 스캣 창법을 최초로 사용해 주목받았다.

루이 카르노프스키 Louis Karnofsky, 1864~1936
청소년 보호소에서 방황하던 루이를 거두어 친아들처럼 길렀으며 뮤지션으로 성장하는 데 격려를 아끼지 않은 아버지.

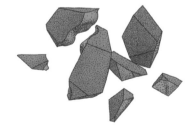

PART 1

위대한 실패, 더 위대한 리더십
줄리아 홈스 2010년 〈뉴욕 타임스〉가 '편집자의
선택'과 '주목할 만한 책'으로 선정한 소설 《미
크스》 작가.
조나단 버튼 2013년 런던 일러스트레이터 협회
상 및 뉴욕 일러스트레이터 협회 은메달 수상
일러스트레이터.

영업의 신과 손잡은 천재 아이디어맨
조슈아 울프 솅크 〈뉴욕 타임스〉 선정 베스트셀
러 《링컨의 우울증》 저자이자 〈하퍼스 매거진〉
〈뉴요커〉 〈애틀랜틱〉 칼럼니스트.
마크 애스피널 〈뉴요커〉 〈뉴욕 타임스〉 〈모노클
매거진〉 일러스트레이터.

과학자의 아내로 산다는 것
필립 발 과학과 문화 전문 프리랜서 작가이자
전 〈네이처〉 편집자.
엘레나 불레이 프리랜서 디자이너이자 일러스
트레이터.

시어스로벅 성공의 주역
폴 듀리카 〈시카고 바이 데이 앤 나이트〉 편집자.
시유 첸 프리랜서 일러스트레이터.

"이리 와보게. 지금 자네가 필요해"
제시카 램 샤피로 《약속의 땅》 저자이자 맥도웰

그룹 및 뉴욕예술재단 연구기금 대상자.
김이나 샌프란시스코에서 활동 중인 일러스트
레이터.

히치콕을 감독으로 만든 아내 혹은 제작자
J. M. 타이리 〈뉴잉글랜드 리뷰〉 논픽션 부문 편
집자.
슌 시 뉴욕에서 활동 중인 일러스트레이터.

"그녀 없인 아무것도 못해요"
마르니 그래프 노라 타이어니 미스터리 시리즈
및 《변화하는 세상에서 글쓰기》 저자. 〈브리들
패스 프레스〉 편집장.
줄리아 로스먼 디자인 스튜디오 ALSO 멤버이자
《헬로 뉴욕》 작가. 이 책의 기획자이기도 하다.

세계를 유혹한 치맛바람
멜리사 스티븐슨 할아버지 샘 쇼의 작품 보존과
홍보를 위해 창립된 쇼 패밀리 아카이브 매니
저. 전 HBO 드라마 〈로마〉 제작 및 각본. 〈소프
라노스〉 로케이션 담당.
줄리아나 브리온 〈뉴요커〉 〈뉴욕 타임스〉 〈노보
로우 프레스〉 일러스트레이터.

걸작을 빛내는 한 줄의 헌사
로렌 아캄포라 〈패리스 리뷰〉 〈레리 스쿠너〉 〈미
주리 리뷰〉에 단편소설을 발표한 작가.
토마스 도일 〈뉴욕 타임스〉 〈뉴스위크〉 일러스
트레이터.

손끝에서 탄생한 미국의 역사

제이 새처 《그림 거는 법》 《링컨 메모리얼》 저자.

존 라우 LA에서 활동 중인 일러스트레이터.

여성운동가를 도운 어느 화학자

에밀리 A. 해리슨 전 〈사이언티픽 아메리칸〉 기자.

제니 볼보스키 ALSO 수석 디자이너이자 이 책의 기획자.

그녀만 비켜간 노벨상

크리스티 썸 어린이 책 작가이자 장난감 디자이너.

지젤 포터 뉴욕에서 활동 중인 일러스트레이터.

시아버지도 남편도 이루지 못한 꿈

레건 맥머혼 〈커먼센스 미디어〉 수석 편집자이자 문학 전문지 〈지지바〉 편집자. 2007년 〈크로니클〉 선정 '주목할 만한 책' 《외야석의 혁명》 저자.

엘리자베스 배들리 캔자스시티에서 활동 중인 일러스트레이터.

PART 2

어머니라는 이름의 뮤즈

존 니크라스 문학지 〈볼트〉 〈컷뱅크〉 〈에인션츠〉에 기고 중인 작가이자 뮤지션.

레슬리 허먼 시카고에서 활동 중인 일러스트레이터.

누구도 가질 수 없는 그녀

로렌 비에라 〈시카고 트리뷴〉 〈포브스 트래블가이드〉 〈T 매거진〉 저널리스트.

사만다 한 〈보그 재팬〉 〈패리스 리뷰〉 일러스트레이터.

당신을 두뇌에 담았습니다

내스 헤드론 《세상 가장 자리에서 만난 행운과 죽음》 《로스앤젤레스 허니》 저자.

키스 네글리 〈뉴욕 타임스〉 〈뉴스위크〉 〈뉴요커〉 〈리더스 다이제스트〉 일러스트레이터.

모범이 최고의 교육

카라 카넬라 책과 문화를 다루는 프리랜서 작가.

네이션 겔거드 〈패리스 리뷰〉 〈빌리버〉 및 랜덤하우스 출판사 일러스트레이터.

일중독자도 인정한 천재 직원

아미드 아미디 애니메이션 웹사이트 'Cartoon-Brew.com' 편집장.

엘렌 서레이 LA에서 활동 중인 일러스트레이터.

아름다운 사랑은 눈물의 열병으로

마크 비넬리 《가볼 만한 도시 디트로이트》 저자. 〈롤링스톤〉 〈맨스 저널〉 편집자.

줄리 유 뉴욕에서 모델 활동 경력이 있는 일러스트레이터.

위대한 건축가가 사랑한 집

브린 스미스 뉴욕에서 활동 중인 작가이자 그래픽 디자이너.

조세핀 리셀 베를린에서 트레져 플리츠라는 공동 사업체를 운영 중인 일러스트레이터.

카우보이, 진짜 카우보이를 만나다

조셉 링겐버그 디지털 제품 디자이너.

페드로 루렌소 10대 중반 만화가로 커리어를 쌓았으며 현재 일러스트레이터로 활동 중.

형제는 용감했다

애비게일 코헨 정신과 레지던트.

피비 월 자연이 전하는 위로와 소통을 탐구하는 아티스트.

형만한 아우도 있다
니나 위다 미들베리 컬리지 러시아 문학 교수이
자 시인.
리카르도 베키오 〈뉴요커〉 〈뉴욕 타임스〉 일러
스트레이터.

로댕의 뮤즈가 된 젊은 여성 화가
골디 골드블룸 AWP 소설상, 예루살렘 포스트
문학상 수상자.
트린 코에처 남아프리카 케이프타운에서 활동
중인 일러스트레이터.

비정한 부정으로 얻은 영감
에밀리 미첼 〈플러그 셰어스〉 〈알래스카 계간
리뷰〉 〈트라이 쿼털리〉 〈뉴잉글랜드 리뷰〉에 단
편을 발표한 작가.
바이런 에겐슈윌러 캐나다 캘거리에서 활동 중
인 일러스트레이터.

친구의 여자를 사랑했네
에밀리 심스 〈옥션 하우스 라이트〉 편집자.
모건 슈바이처 LA에서 활동 중인 일러스트레이터.

PART 3

나비처럼 날아서 벌처럼 키워낸 영웅
대니얼 쿠글러 작가, 라디오 프로듀서, 포크 가
수, 잡지 배달부, 이벤트 기획자, 영화 제작자,
기자, 시인, 인터뷰어, 콜라주 예술가.
러버 하우스 그레그 샤프와 이반 딕슨이 운영하
는 호주 애니메이션 스튜디오.

868번째 홈런을 날린 삼진왕
테드 월커 '투수와 시인'이라는 블로그와 온라
인 매체 등에 야구 칼럼을 쓰는 칼럼니스트.

폴 윈들 뉴욕에서 활동 중인 일러스트레이터.

겨우 2,000번 추락하다
아이단 오코너 뉴욕 현대미술관, 뉴욕 메트로폴
리탄미술관, 피바디 고고민족학 박물관을 거쳐
디자인 전문가 협회 AIGA 근무 중.
다윗 리스키 〈컴퓨터 월드〉 〈네이처 매거진〉 〈헬
스 리더스 미디어〉 일러스트레이터.

"자네의 가능성을 믿고 있다네!"
매뉴얼 곤잘레스 《미니어처 아내와 다른 이야
기들》 《지사가 공격당했다》 저자.
애비탈 매너 이스라엘 텔아비브에서 활동 중인
일러스트레이터.

최초 여성 파일럿의 탄생
다프니 빌 《옳지 않은 천사들의 땅에서》 저자.
비욘 룬 라이 영국 브리스톨에서 활동 중인 일
러스트레이터.

모두가 부러워할 데뷔
조던 쿠신스 〈코 디자인〉 칼럼니스트이자 〈드
웰〉 편집자.
라이언 해이우드 뉴욕에서 활동 중인 일러스트
레이터.

그녀의 인어는 금빛 물살만 가른다
보니 추이 〈뉴욕 타임스〉 〈애틀랜틱〉 칼럼니스
트이자 《아메리칸 차이나타운》 저자.
로만 무라도브 〈뉴요커〉 〈뉴욕 타임스〉 일러스
트레이터.

장애는 변명이 아니다
레건 맥머혼 〈커먼센스 미디어〉 수석 편집자이
자 문학 전문지 〈지지바〉 편집자. 2007년 〈크로
니클〉 선정 '주목할 만한 책' 《외야석의 혁명》
저자.

정혜진 뉴욕에서 활동 중인 일러스트레이터.

즐겨야 이긴다
데이비드 로스 스포츠 웹사이트 '더클래시컬' 창립자. 〈GQ〉〈월스트리트 저널〉〈아웃사이드〉 칼럼니스트.
마이클 바이어스 〈뉴욕 타임스〉〈뉴요커〉〈월스트리트 저널〉〈버라이어티 매거진〉 일러스트레이터.

나에겐 꿈이 있습니다
리사 보노스 〈워싱턴 포스트〉 편집자이자 작가.
노정연 뉴욕에서 활동 중인 일러스트레이터.

PART 4

5인조 밴드의 여섯 번째 멤버
대니얼 쿠글러 작가, 라디오 프로듀서, 포크 가수, 잡지 배달부, 이벤트 기획자, 영화 제작자, 기자, 시인, 인터뷰어, 콜라주 예술가.
매트 로타 〈뉴욕 타임스〉〈맥 스위니〉〈워싱턴 포스트〉 일러스트레이터.

퓰리처상을 위한 1년치 월급
존 니크라스 문학지 〈볼트〉〈컷뱅크〉〈에인션츠〉에 기고 중인 작가이자 뮤지션.
피터 반 이노그 벨기에에서 활동 중인 일러스트레이터.

대통령의 룸메이트
애덤 웹 시카고에서 활동 중인 작가.
카일 T. 웹스터 일러스트레이터, 디자이너, 디지털 제품 제작자이자 아마추어 카드 마술사.

때론 속기사, 때론 비서로 활약한 노예
제인 H. 퍼스 〈뉴욕 데일리뉴스〉〈뉴욕 타임스〉〈뉴욕 포스트〉〈로이터〉 저널리스트.
카체터잭 런던에서 활동 중인 스페인 출신 일러스트레이션 듀오.

수식어가 필요없는 내조의 여왕
이고르 레브신 〈체르노빅〉〈룰레타〉 등에 작품을 기고한 작가.
로라 캘러헌 런던에서 활동 중인 일러스트레이터.

나를 믿어주는 한 사람
애덤 링 뉴욕에서 활동 중인 작가.
매트 라모스 디자인 회사 ALSO 애니메이터이자 일러스트레이터. 이 책의 기획자이기도 하다.

로큰롤보다 사랑한 당신
마스 반 그룬스벤 정치적 견해, 사회 문제, 문화, 미디어 등에 관한 기사를 쓰는 저널리스트.
레이첼 콜 랜덤하우스 임프린트 '슈와츠앤웨이드북스' 아트 디렉터.

그녀는 그녀를 사랑했을 뿐
스베틀라나 키토 〈뉴욕 타임스〉 블로그 '로컬', 〈서피스〉〈커쿠스 리뷰〉〈미스터 벨러 네이버후드〉〈덕트〉 칼럼니스트.
캐티 마우리 캐나다 몬트리올에서 활동 중인 일러스트레이터.

순간의 선택으로 탄생한 진화론
콜린 밀로이 프리랜서 작가이자 팩토리극장 극단 단원. 그가 집필한 연극 〈회색 소녀〉는 2011년 〈타임아웃 시카고〉 비평가가 뽑은 최고의 연극으로 선정.
마샤 매나포브 이스라엘 텔아비브에서 활동 중인 일러스트레이터.

600통에 담아낸 600가지 모정

재키 리빗 샌프란시스코에서 활동 중인 논픽션
작가.

젠신 에크월 〈뉴욕 타임스〉 〈타운 앤드 컨트리〉
〈나일론〉 일러스트레이터.

인간보다 네가 나은 몇 가지 이유

사라 레빈 〈보물섬〉 〈쇼트 다크 오라클〉 저자.

사라 자코비 문학과 영화를 공부했으나 현재 펜
이 아닌 붓을 쥐고 있는 일러스트레이터.

친절한 말 한마디의 운명

에릭 R. 댄튼 〈월스트리트 저널〉 〈롤링스톤닷
컴〉 〈살롱〉 칼럼니스트.

킴 시엘벡 뉴욕에서 활동 중인 일러스트레이터.

사람 그리고 관계에 대한 지혜 48

The Who 더 후

초판 1쇄 2015년 3월 20일

지은이 ｜ 조슈아 울프 솅크 · 데이비드 로스 외
옮긴이 ｜ 김현수

발행인 ｜ 노재현
편집장 ｜ 서금선
책임편집 ｜ 조기준
디자인 ｜ 권오경 김아름
조판 ｜ 김미연
마케팅 ｜ 김동현 김용호 이진규
제작지원 ｜ 김훈일

펴낸 곳 ｜ 중앙북스(주)
등록 ｜ 2007년 2월 13일 제2-4561호
주소 ｜ (100-814) 서울특별시 중구 서소문로 100 (서소문동) J빌딩 3층

구입문의 ｜ 1588-0950
내용문의 ｜ (02) 2031-1353
팩스 ｜ (02) 2031-1339
홈페이지 ｜ www.joongangbooks.co.kr
페이스북 ｜ www.facebook.com/hellojbooks

ISBN 978-89-278-0616-5 03320